U0867622

家庭教育

TING JIAOYU

幼儿园中班

总主编——朱永新
本书主编——文萍 杨咏梅

漓江出版社
·桂林·

图书在版编目（CIP）数据

家庭教育．幼儿园中班／朱永新总主编；文萍，杨咏梅主编．-- 桂林：漓江出版社，2023.8

ISBN 978-7-5407-9141-4

Ⅰ．①家… Ⅱ．①朱… ②文… ③杨… Ⅲ．①学前儿童—家庭教育 Ⅳ．① G78

中国版本图书馆 CIP 数据核字（2021）第 181186 号

家庭教育　幼儿园中班

JIATING JIAOYU YOU'ERYUAN ZHONGBAN

总 主 编　朱永新
本书主编　文　萍　杨咏梅

出 版 人　刘迪才
选题统筹　李　弘
责任编辑　杨海涛
助理编辑　覃佩雯
装帧设计　黄　洁
责任监印　杨　东

出版发行　漓江出版社有限公司
社　　址　广西桂林市南环路 22 号
邮　　编　541002
发行电话　0771-5825315
邮购热线　0771-5825315
网　　址　www.lijiangbooks.com
微信公众号　lijiangpress

印　　制　广西民族印刷包装集团有限公司
开　　本　787 mm × 1092 mm　1/16
印　　张　9
字　　数　138 千字
版　　次　2023 年 8 月第 1 版
印　　次　2023 年 8 月第 1 次印刷
书　　号　ISBN 978-7-5407-9141-4
定　　价　32.00 元

漓江版图书：版权所有，侵权必究

漓江版图书：如有印装问题，请与当地图书销售部门联系调换

丛书编委会

总主编　朱永新　国家全民阅读形象代言人。全球最大教育奖项“一丹教育发展奖”得主，国际“爱阅人物奖”得主，“中国阅读三十人论坛”成员，新教育实验发起人，新阅读研究所创办人。出版《未来学校》《致教师》等专著数十部，作品版权输出美国、法国、德国、日本等，被译为31种语言。被评为“中国十大教育英才”、中国教育60年60人、“为了公共利益”年度人物、“2020年度全国政协委员优秀履职奖”等。

执行主编、小学学段主编　童喜喜　儿童文学作家，教育学者，说写课程创始人。中国十大作家奥运火炬手，全国推动读书十大人物，教育部“全民阅读标准建设工程”咨询专家，美国哈佛中国教育论坛第一位儿童文学作家，“中国阅读三十人论坛”成员兼秘书长。作品输出海外，被译为3种语言。

学前、幼儿学段主编　文萍　广西幼儿师范高等专科学校校长，广西教育学会副会长，教育部职业院校教学指导委员会中小学教育专门委员会副主任委员。

学前、幼儿学段主编　杨咏梅　中国教育报家庭教育周刊原主编，第二届中国家庭教育“十佳”公益人物，中国家庭教育学会宣传教育专业委员会副理事长，中国教育学会家庭教育专业委员会常务理事。

小学学段主编　李福灼　南宁师范大学教师教育学院院长。教育部国培计划专家库专家，教育部中小学校长国家级培训专家库专家，教育部—联合国儿童基金会“社会情感学习（SEL）”项目国家级专家。

初中学段主编　石鹏　广西南宁市第十四中学校长，“全国家庭教育创新实践基地”学校带头人，曾获“全国模范教师”“全国优秀教师”“特级教师”“广西基础教育名校长”等荣誉称号。

初中学段主编　殷飞　南京师范大学心理学院副教授，南京师范大学家庭教育研究院副院长，江苏省家庭教育研究会副会长，中国家庭教育学会常务理事。

高中学段主编　王文蓉　南宁师范大学教师教育学院副院长，硕士生导师。教育部全国中小学幼儿园教师培训专家工作组专家，教育部国培计划专家库专家，教育部校长国培计划专家库专家，教育部—联合国儿童基金会“社会情感学习（SEL）”项目国家级专家。广西家庭教育研究会副会长，广西教育学会家庭教育专委会理事长。

高中学段主编　翟博　中国教育报刊社原党委书记、社长。在理论研究、教育研究、新闻和文学写作等多方面取得丰硕成果。

本书编委会

总 主 编： 朱永新

本书主编： 文　萍　杨咏梅

副 主 编： 唐翊宣

本书作者： 陈连连　黄宁娜　陈沁湉
胡慧睿　付红珍　郑艳华

总 序

家庭是教育的起点

朱永新

我们培育的孩子，是中国美好的明天，是我们共同的未来。每个大人都希望孩子有出息，希望今天的孩子是明天的人才。

但是，无论父母还是老师，我们很多大人在面对孩子的许多问题时，经常力不从心，不知所措。遇到困难的大人们，无论是渴望家庭教育方法的父母长辈，还是希望引导父母做好家庭教育的一线教师，不仅需要倾诉和聆听，更需要得到指导和帮助。这一套为家长量身打造的“家庭教育”丛书，正是为此应运而生。

为了让这套“家庭教育”丛书能够得到更好运用，在编写过程中，我们对各个环节进行了精心的设计。

我们针对0～3岁、幼儿园、小学、初中、高中五个阶段，分别邀请专家学者进行主编:《中国教育报·家庭教育周刊》主编杨咏梅和广西幼儿师范高等专科学校校长、教育学博士文萍主编0～3岁阶段和幼儿园阶段的内容，新教育萤火虫亲子共读公益项目创始人、原新家庭教育研究院理事长、著名儿童文学作家童喜喜和南宁师范大学教师教育学院院长、教授李福灼主编小学阶段的内容，南京师范大学教授、新家庭教育研究院副院长殷飞和南宁市第十四中学校长、正高级教师石鹏主编初中阶段的内容，中国教育学会家庭教育专业委员会常务副理事长、中国教育报刊社原党委书记兼社长翟博和南宁师范大学教师教育学院副院长、广西家庭教育研究会副会长王文蓉主编高中阶段的内容。

这五个阶段的主编，都是活跃在一线的优秀专家，在学术研究上各有造诣，都是家庭教育工作的资深学者，常年奔走在全国各地，对家庭教育的一线情况如数家珍，不仅有着广泛的影响力，更对不同地区的家庭教育特点有着全面把握，让这套丛书的内容能够更好地覆盖不同群体。

我们反复研讨，提出了诸多具体细致的编写要求。比如写作中，围绕相同问题，需要归纳不同背景、不同环境下容易出现的不同类型的状况或做法，分门别类地进行指导，从而让读者在阅读中更容易发现自己的问题和不足，选择方法时更有针对性等。

我们组建了由在中小学、幼儿园工作的优秀教师和全国各地的“新教育种子计划”公益项目的榜样教师组成的作者团队。这些作者本身就活跃在家庭教育的一线，他们每个人都在为丛书添砖加瓦，使得这套丛书更接地气，进一步提高其实用性。

我们以“过一种幸福完整的教育生活”作为宗旨，在内容中贯彻诸多家庭教育的根本理念，如“教育，从家庭开始”“幸福比成功更重要，成人比成才更重要”“阅读和家庭，是教育的两大基石”“母亲是女人最神圣的天职”“父亲是男人最重要的工作”“与孩子一起成长”“教育需要智慧爱”等。

我们反复推敲丛书的体例，形成了一个严密而高效的结构——

导语，对单元目标进行提纲挈领的把握。

案例分析，以当下事件为切入点，提炼重大问题，有的放矢。

了解孩子，明确不同年龄段孩子的主要特点，增进多方了解。

实施指南，以简明扼要的语言提供具体方法。

延伸拓展，围绕相关主题，推荐更多图书、影视或亲子活动，便于按图索骥，亲子共读、共赏、共乐。

评估改进，以现实生活中易犯的错误，结合章节的主题，编写测试题，供读者自测、自评，拟订行动计划。

鲜活的案例、务实的分析、高效的方法、贴心的测评，我们相信，这套丛书能够成为家庭教育的高参，成为家校共育的锦囊。

其实，在收到主编这套"家庭教育"丛书的邀请之时，我犹豫了很久。一是因为本职工作已经非常忙碌，主编一套丛书需要不少时间；二是因为早在几年前，我已经组织编写过一套同类题材的图书。最终，考虑到漓江出版社当时是应教育部门的委托前来邀请，考虑到有了此前的经验能够弥补一些不足，可以进一步提高家庭教育的有效性，我还是答应下来。

我知道，理念转化为图书容易，方法转化为行动艰难，所以我们从不同层面，推动着行动。

我把主编这套丛书的稿费100%捐赠给江苏昌明教育基金会，用于开展更多家庭教育研究和实践。

这套丛书的主编团队、作者团队，不仅会完成这套丛书的编写，还会在更多家庭教育的活动中，身体力行地帮助家长、教师、社会工作者运用这些知识。

在漓江出版社的支持下，由"家庭教育"丛书的编写委员会执行主编、小学阶段主编童喜喜以中国儿童文化艺术基金会"新孩子"专项基金和新教育新阅读研究所统筹组建的公益团队，已经在为城市、乡村等不同处境的父母群体细化研发更有针对性的课程，密切关注留守儿童成长问题、隔代教育问题等，并借助网络的便利，以公益的方式，将以"新父母双师网校"为载体，以"新教育种子计划""新教育萤火虫亲子共读"等公益项目，为父母、老师提供更多跟进指导。

这套丛书的内容得到了许多学校的认可。如今越来越多的学校教育工作者发现：家庭教育做好了，学校教育的地基就坚实了。所以，我们也和漓江出版社多次沟通，根据学校的特点和要求进行相应调整，专门推出了适合学校工作的版本，便于学校组织开展家庭教育工作。

陶行知先生说过："生活即教育。"家庭教育正应该成为这样的生活。教育应以万千家庭的生机盎然，组成新时代的蓬勃原野。

感谢漓江出版社的信任，感谢参与编写和创作的全体专家、老师认真勤奋、卓有成效的工作。错漏之处，敬请读者们多多指正。

家庭是教育的起点。起点稳了，方向对了，基础就牢了，孩子就好了，家庭就和谐了，教育就完整了，人生就幸福了。让我们一起努力，用好教育建设我们的好家庭！

2022年8月13日写于高铁途中

目　录

幼儿园中班上册

幼儿园中班下册

人最终要独立地走向社会，就必须拥有自主独立的能力。因此从小培养孩子的自我意识，培养自主、自立、自强的精神和实践能力，有利于引导孩子找到自我，超越自我，实现自我。

中班的孩子在品格养成方面正经历着从“他律”到“自律”的过程，即从行为需要父母的引导到他们内心对事情好坏有初步的判断。

4～5岁的孩子正处于求知欲旺盛的关键期，他们对新奇的事物、有趣的现象充满了无限的好奇心与探究欲望，他们对外界事物、各类活动的兴趣不断增强。

幼儿园中班上册

第一专题　学习交往长自尊

随着孩子迈入中班，您可能会发现：原本听话乖巧、依赖爸爸妈妈的黏人孩子慢慢发生了变化，他们越来越喜欢跟小伙伴一起玩，经常把自己的好朋友挂在嘴边，但是冲突打架、告状的行为也越来越多了。这是为什么呢？其实，这是孩子的交往意识在逐步觉醒的表现，他们开始关注身边的人，有了交往的需求。但是，因为受自身年龄特点和能力发展的限制，孩子在与人交往的过程中，会出现各种各样的问题，如分工不均、沟通不当等。面对这些问题，有的孩子交往策略掌握得多，交往技巧运用恰当，总能快速地融入小伙伴之中，受到大家的欢迎；但有的孩子交往策略掌握得少，交往技巧运用不恰当，经常和小伙伴发生冲突，常因被忽视和被拒绝而陷入负面情绪中。

中班是孩子社会交往发展的关键时期，父母的教养方式会对孩子的行为产生深远的影响。那么我们该如何帮助孩子建立良好的人际交往关系？当孩子在交往中遭到拒绝或忽视的时候，我们可以怎么做？我们应该怎么对待孩子间的冲突？希望本专题的内容能在您面对这些问题时给您一些启示，帮助您找到更好的处理方法，为孩子养成积极向上的交往态度，种下自尊、自重、自信的种子，为今后的成长积淀力量。

案例分析

案例一　捣蛋鬼原来是求关注

铭铭小班时乖巧可爱，但是经过一个暑假，升上中班后的他突然变成了班上的捣蛋鬼：区域活动的时候去推倒别人的积木；集体活动的时候拉扯旁边女孩子的辫子；过渡环节的时候在活动室内绕着桌椅跑，甚至爬上了柜子，引起其他孩子跟风，使班级管理陷入混乱。每天都有孩子来告铭铭的状，在一周活动小结上，孩子们纷纷表示不愿意和铭铭一起玩。铭铭也感受到自己是不受欢迎的，最近一段时间上幼儿园都有哭闹现象，即使到了幼儿园也不愿意和其他的孩子交流，老师问他，他就说：“他们都不喜欢和我玩，他们都不是我的朋友，我没有朋友……”

通过与铭铭妈妈的对话，老师了解到原来铭铭有了一个弟弟，现在才 8 个月大，爱到处爬，容易发生危险，原本全身心放在铭铭身上的铭铭妈妈开始把更多的精力放在了弟弟的身上，每天的生活重心就是照顾弟弟。铭铭爸爸在乡镇学校工作，每天早出晚归，铭铭没起床，铭铭爸爸就出门了，到了晚上才回家，回到家后，也总是用手机处理工作上的事情，根本没有什么时间陪伴铭铭；铭铭爷爷还没退休，是一名乡镇基层法律工作者，工作很忙，不回家吃饭是常事，即便在家吃饭，电话也总是不断；铭铭奶奶虽然经营着自家的一个小卖部，时间上比较自由，但是也只能在早上铭铭妈妈送铭铭上幼儿园的时候帮忙照看弟弟，等铭铭妈妈回来了，铭铭奶奶就要去看店了，晚上也要工作到铭铭睡觉了才能回家。

从铭铭妈妈的讲述中，老师发现其实陪伴、照顾铭铭的主要还是铭铭妈妈，当弟弟没出生的时候，铭铭妈妈可以把全部的精力放在铭铭身上，也让铭铭对妈妈格外依赖。但是弟弟出生了以后，铭铭妈妈没有协调好照顾两个孩子的时间，因为弟弟年纪小，需要妈妈更多的关注，而铭铭妈妈也没有跟铭铭好好地沟通，导致铭铭出现了巨大的心理落差，也由此产生了一种自卑感，认为自己不重要，爸爸妈妈都不爱自己，于是开始做出许多调皮捣蛋的行为，以引起家人的关注。面对他的这些行为，家人没有深究问题的根源，反而简单粗暴地给铭铭贴上了“坏孩子”的标签，严重打击了铭铭的自尊心，使他产生了自我否定、轻视自己的心理。

经过与老师的沟通，铭铭妈妈意识到铭铭开始出现捣蛋行为的时间正是在弟弟出生后没多久。可是在铭铭出现调皮捣蛋的行为时，家人没有采用正确的方式加以引导，导致铭铭的行为变本加厉。家人严厉地批评他，他不仅没有听进去，反而说道：“反正你们都不要我了，你们只要弟弟，我才不要你们管！”铭铭的爸爸和爷爷甚至动手打过铭铭。铭铭奶奶很头疼，但是拿他没有办法，干脆就忽视不管了。铭铭妈妈想管但有心无力，每天都感到精疲力竭，只能寄希望于老师，希望老师能帮助铭铭改变。

铭铭在中班的时候突然变得捣蛋，这件事和他的年龄特点以及家庭环境的变化是分不开的。中班的孩子在自我意识方面能觉察到自己的心理活动、情绪情感和行为反应，能感受到他人对自己的关心和爱，能以他人的要求来控制自己的行为。但是跟其他年龄段的孩子一样，中班的孩子也多以自我为中心，他们从自己的情感和需求的角度去看世界，同时需要借助他人的认可和评价来获得满足感，他们在与父母、老师、同伴等的社会交往中学习到是非对错的社会评价体系，并在外界反馈中获得价值感，以此建立起自尊、自信的积极情感。他们的语言表达能力仍然有限，因此在遇到一些问题或者压力事件时，他们会用最常用的身体语言来表达自己的感受。

随着二孩政策的逐步推行，越来越多的孩子将在非独生子女家庭中成长。家庭现实情况使家长无形中对铭铭的养育方式变成了“忽视型”，与孩子进行的实质性交流很少，沟通不够积极，大部分时间对孩子的需求给予消极回应甚至不回应，久而久之，对孩子的社会性发展产生了消极的影响，使孩子出现情绪化、攻击性强、不合作、缺乏责任心等行为表现，缺乏必要的社会交往技能，不能很好地融入集体中。铭铭产生顽皮行为其实也是一种社交需求的表现，是想引起大家对他的注意。而家人大多数时候只关注到他外在的表现，而忽视了他内心真正的情感需求，所以使得铭铭的行为一直没有得到改善。

中班是孩子自我意识觉醒的时期，也是他们建立自尊、自信的关键时期。孩子的自尊源于父母、老师的信任与支持。但是铭铭父母在弟弟出生后，没有帮助铭铭形成正确的自我认识，导致他在和弟弟的比较中，对自己的自我价值判断出现了偏差，自尊心受到了打击，开始否定自己、轻视自己、不尊重自己，以调皮捣蛋的行为进行自我防卫。

那么该如何改善铭铭的行为呢?

> >> 1. 要保持一份耐心，读懂孩子的心理需求

铭铭内心非常渴望得到家人的关注，他发现不良行为能引起家长的关注，获得满足感，到了幼儿园，他也采取了类似的行为。家长想用批评甚至打骂等激烈的方式让孩子改变不良的行为，但这样做往往会加深孩子的不安全感，容易与最初的目标背道而驰。因此，当孩子出现这种不良行为时，家长更应该保持耐心，尽可能地去理解、满足孩子内心的情感与社交需求，在日常交流中注意观察孩子，及早发现孩子的消极情绪，采取积极的应对措施。当孩子出现负面情绪时，家长要及时和孩子交谈，且进行有效地疏导，使孩子的消极情绪得到释放。家长应多关心铭铭的成长，让他能够敞开心扉进行交流，多引导孩子说说身边发生的事情，或者其他想要分享的事情，并认同他的感受。

> >> 2. 可以利用绘本故事，对孩子进行教育

绘本是一个想象的世界，也是一个充满人世间各种复杂情感体验的世界。孩子在阅读绘本时，既体验阅读本身带来的乐趣，也感受人物角色的各种情感变化。教育部颁布的《3～6岁儿童学习与发展指南》中，对幼儿情绪发展方面提出了几个教育建议:“结合具体情境，引导幼儿换位思考。”“结合实际情境，提醒幼儿注意别人的情绪，了解他人的需要。”“成人和幼儿一起谈论自己高兴或生气的事，鼓励幼儿与他人分享自己的情绪。”而绘本的故事情境，就是一种具体的情境，它贴近幼儿的生活，更容易让幼儿学习，并将知识内化。家长和幼儿一起阅读有情绪调节作用的绘本，不仅让亲子之间有一段温暖的相处时光，而且一起

阅读的教育作用比简单的说教好得多。

3. 营造融洽、和睦、温馨的家庭氛围

家庭是孩子的第一个成长环境，家长是孩子的第一个交往对象。家庭成员的教养方式影响孩子与他人交往时的行为表现，所以家庭教育对孩子社会性的发展起着重要作用。而铭铭的不良行为和家庭教育有着较大的关系。孩子的教育需要家庭各位成员共同参与。同时家庭成员的教养态度也非常重要，家长要学会在平等的基础上与孩子交流。良好的沟通会化解家长和孩子之间的冲突，而沟通不畅会加剧家长与孩子之间的不信任，导致孩子形成不良性格甚至家庭关系破裂。

妈妈首先要走出焦虑，在孩子面前树立情绪稳定、阳光积极的形象。铭铭爸爸、爷爷平时工作较忙，可以合理利用时间，每天哪怕抽出 10 分钟来陪伴铭铭，都会让铭铭觉得受到了重视。在时间较宽裕的时候可以带铭铭到上班的地方，感受一下上班的路途以及工作内容。奶奶如果可以一边看店，一边看护弟弟，铭铭就多一些单独和父母相处的机会。当孩子出现不良行为时，家长们不应反应强烈地喝止，可以过后再与孩子讲道理，使孩子在愉快的氛围里感受家庭的温馨，愿意与家长交谈，形成稳定的人格。

4. 在生活点滴中帮助孩子建立自尊自信

孩子的自尊是指对自身价值的认同和接纳，为了帮助铭铭重新建立起自尊、自信，养成健康人格，家长可以在生活中主动创造机会，让铭铭去做一些力所能及、容易完成的事情，如照顾弟弟、帮助妈妈、协助奶奶等，并在孩子完成后及时表扬，给予肯定和鼓励，帮助孩子获得被肯定的体验。同时也要注意，不要随意给孩子贴上“坏孩子”的标签，不能因为铭铭一些调皮捣蛋的行为就武断地否定他这个人，说出一些“你这个坏孩子，你老是这么调皮，为什么总是不听话”之类伤害孩子自尊心的话，而应该从行为本身出发，和他一起分析这个行为会产生的不良后果，并引导他学习正确的处理方式，帮助孩子形成正确的自我认识。

5. 要加强家园合作

家长应该多向老师了解铭铭在幼儿园的表现情况，发现孩子身上的闪光点并给予肯定。家长如果征得老师的同意，可以鼓励铭铭带玩具去幼儿园与其他孩子分享一起玩玩具的快乐。

铭铭的过分顽皮是因为缺乏关爱，想引起别人注意而产生的，这更需要成人尤其是家长的理解和耐心教导。孩子突然出现行为或者情绪异常通常是成人缺乏对孩子的关注而造成的，所以家长应该学会读懂孩子内心的真正需求，不要轻易地给孩子贴上“顽劣”的标签。

案例二　孩子不懂怎么处理与同伴的冲突，妈妈要怎么做

舒舒是一个读中班的女孩子。这天，她从幼儿园回到家后，向妈妈倾诉了一件事情:“今天回幼儿园，我搬椅子到我们组坐的时候，睿睿(同组的女孩子）大声宣布我不是她的好朋友，曦曦和子恒才是，他们可以坐在她的两边，我只能坐到另外的地方。”

孩子与同伴发生冲突，这也是幼儿园经常发生的情况。这个时候，妈妈要怎么做呢?

因为这种情况经常发生，容易被成人忽视，所以可能大部分家长仅仅会笼统地处理。家长会对孩子说:“我们要团结友爱哦，大家都是好朋友，不能抢位置。”这样的处理方法，看似正面引导了孩子，但并没有让孩子学会自己解决问题的方法，下次再遇到同样的情况时，孩子还是不会处理，孩子解决冲突的能力也并没有得到提升。这样的处理方法，对孩子的性格培养也并无多大帮助。

那怎么做才更有效、更能帮助孩子学会解决同伴交往中的冲突问题呢？我们来看看舒舒妈妈的做法。

舒舒妈妈表示理解舒舒的感受:“妈妈知道，睿睿不愿意和你做朋友，并且拒绝你坐在她的旁边，让你很不开心，对吗？”

舒舒点点头:“嗯，我不开心，但是我没有和她吵架，我坐到旁边去了。”

舒舒妈妈接着说:“你没有和她吵架，做得对。那么班上的位置是谁来安排的呢？”

舒舒:“老师说，谁先来谁就先坐。”

舒舒妈妈:“那是谁先坐到那里的？”

舒舒:“是睿睿。”

舒舒妈妈:“明天你可以试试做事情的动作快点，就可以早点坐到想坐的位置了。”

第二天，舒舒回到家，舒舒妈妈问她:“今天你坐到自己想坐的位置了吗？”

舒舒有点沮丧地说:“没有。”

舒舒妈妈:“今天是什么原因呢？”

舒舒:“睿睿还是那样说。”

舒舒妈妈:“是你先到的吗？那其他小朋友同意睿睿的安排吗？”

舒舒:“今天是我先到的，虽然其他小朋友没说话，但是我感觉他们并不喜欢睿睿的安排。”

舒舒妈妈:“那你对睿睿说了吗？”

舒舒:“没有，她会生气的。”

舒舒妈妈:“那你觉得由一个人来安排其他人坐哪里，这件事对吗？”

舒舒:“不对，老师说同组的小朋友坐在这个桌子的随便哪个位置都可以。”

舒舒妈妈:“今天你动作快了，但是你还是没有坐到自己想坐的位置。那你怎么才能坐到呢？你是不是要告诉睿睿是我先坐在这里的？”

舒舒:“我去跟睿睿说我要坐在这里？”

舒舒妈妈:“对，首先你要动作快才可以选择自己想坐的位置，如果睿睿还是因为你不是她的好朋友而给你安排了其他位置，你可以跟睿睿说不，你想坐在那个位置。”

舒舒:“我有点怕，怕她叫别人不跟我玩。”

舒舒妈妈:“没关系，明天你可以试试。你不是说其他孩子也不喜欢睿睿的安排吗？你还可以问问其他孩子愿不愿意坐睿睿给大家安排的座位，如果大家都不愿意，你可以和大家一起跟睿睿说。”

舒舒:“睿睿不会同意的！”

舒舒妈妈:“如果睿睿不同意，你还可以怎么做？”

舒舒:“可以告诉老师。”

舒舒妈妈:“嗯,你可以试试。”

舒舒将信将疑,对话结束。

第三天放学。舒舒妈妈问舒舒:“宝贝,今天怎么样?你坐到自己想坐的位置了吗?”

舒舒高兴地说:“妈妈,今天我跟睿睿说我不喜欢你安排的位置,阿润也这样说了。睿睿有点不高兴,她还推了我。不过我告诉老师了。老师说睿睿不让我们选位置是不对的,也不能说‘你不是我的好朋友’这样的话,更不能推人。老师还说如果大家都想坐同一个位置,可以和小朋友商量,看看能不能轮换。”

中班的孩子开始关注周围的人,已经有较强烈的和同伴交往的愿望,他们会主动接近自己感兴趣的人,借助简单的话语和交往技巧来建立人际关系。随着孩子主动交往的增加,他们开始慢慢组成了自己的“游戏团队”,对其他孩子的加入会有抗拒心理,所以睿睿选择将好朋友安排在自己的身边,也因此和舒舒等其他孩子发生了冲突。

那么,当孩子在幼儿园与其他孩子发生冲突的时候,家长应该怎么处理呢?

案例中舒舒妈妈是一名非常关注孩子情绪的妈妈。她没有笼统地随便地回应一下孩子,而是抓住这个教育契机,耐心地、持续性地引导孩子正确处理与同伴间的冲突和矛盾。

舒舒妈妈鼓励孩子勇敢地说出自己的想法,并引导孩子积极地想办法解决。舒舒在选择座位时,虽然和睿睿产生了争执,但是她没有和睿睿正面冲突,而是选择了回家告诉妈妈,寻求成人的帮助,这是她处理和同伴间的冲突时的一种方式。面对舒舒的求助,舒舒妈妈以平等客观的态度介入,积极倾听舒舒的想法,认可其感受和想法,鼓励舒舒做决策,并引导舒舒积极地想办法解决同伴之间的冲突:要勇敢地说不,并寻求同伴或者成人的支持。

舒舒妈妈没有直接告诉孩子应该怎么做,而是间接地引导孩子,让孩子主动思考如何解决问题,解决问题的过程对孩子来说是一个很好的学习机会。舒舒妈妈并没有给予孩子一次指导以后,就不管这件事了,而是会持续性地关注孩子的行为并及时给予帮助，直到最后孩子真正解决这件事。通过这样的引导，如果孩子下次遇到类似的情况，或是更复杂的同伴冲突，这个经历将为孩子提供很好的参考。

舒舒妈妈在引导孩子学习正确解决同伴冲突的同时，也在潜移默化地向孩子传达尊重他人的意识。在舒舒和同伴产生矛盾的时候，舒舒妈妈并没有直接帮助舒舒解决矛盾，而是用等待、协商等方式解决矛盾，这些方式既体现了对他人的尊重，也表达了舒舒的坚持。最后，事情的顺利解决也有利于孩子获得巨大的成就感和积极的情感体验，促进自尊的发展。

案例中，舒舒妈妈能有意识地做到家庭教育和幼儿园教育一致，例如老师不赞成孩子相互区别对待，在面向全班的规则下，大家都可以选择自己想坐的位置，老师还给出了如何进行座位交换的建议。通过这个事件，孩子解决冲突的能力得到了进一步的提升。如果在事情结束后，舒舒妈妈能和老师进行一次沟通，了解后续孩子在幼儿园的表现并积极配合老师继续加强孩子的社会交往能力，这样就更好了。

幼儿园的集体生活为孩子提供了与同伴交往的机会，但是孩子受到其自身社会性、语言等方面发展水平的制约，在交往过程中常会出现沟通不畅的情况，继而发生冲突。而孩子在面临冲突时采取的解决方法的类型与其父母的教养方式是有着明显的关系的，所以家长要调整自己的教养方式，如尊重孩子，鼓励孩子表达自己的想法，信任并接纳孩子；有耐心，学会倾听，理解孩子；慎用批评，杜绝体罚；等等。构建一个民主型的家庭环境，使孩子形成自尊、自信的健康心理。

如果家庭和幼儿园能保持教育的一致性，都采取宽松民主的教养方式，及时关注孩子的情绪及需要，积极支持孩子的想法，善于抓住教育孩子的时机，引导孩子学习正确的社会交往策略，那么孩子在与同伴的交往中，就容易提升解决冲突的能力，这对他们建立自信，发展社会性非常有帮助。

案例三 “不给别人添麻烦”真的是好事吗

最近棠妞妈妈发现，在老师随手拍的班上孩子游戏、学习的照片里，自己的孩子好像总是独自在一旁，没有固定的玩伴。结合棠妞在晨晨生日会上的表现，她隐隐感觉到有些不妙。

前几天是晨晨生日，他邀请了好几个小朋友和他们的爸爸妈妈去参加他的生日会，包括和他同组的棠妞。生日会准备结束时，家长们在聊天，孩子们在一边玩着，服务员在收拾场地。突然，有个服务员不小心把绑在椅背上的气球弄爆了，孩子们吓了一跳。有孩子提议干脆全部弄爆吧，像过年放鞭炮一样热闹。这个提议得到了孩子们的一致同意，服务员也默许了——他们也要把气球弄破了才好收拾。于是，气球被孩子们用各种方法弄爆了。这时棠妞却安静地在一旁看着，但眼神明明表现出她很想加入。

回家的路上，棠妞妈妈问棠妞："你怎么不去和小朋友们玩气球？"

棠妞说："气球爆炸会飞得到处都是，妈妈不喜欢这样，而且也会给别人清扫添麻烦。"

虽然是一句很乖巧的回答，但是棠妞妈妈心里却有点不是滋味。

棠妞确实很能干，上小班时，当别的孩子还在练习自己用勺子吃饭的时候，她已经是班上为数不多的能独立穿脱衣服的孩子。第一次家长会时，老师让棠妞妈妈分享一下如何培养孩子的自理能力时，她说道："我做人的原则就是'不给别人添麻烦'，我也是这样教育我的孩子的。"

最初棠妞妈妈因棠妞如此懂事而自豪。而最近棠妞妈妈向老师了解到棠妞的情况却是这样的：

升上中班后，和其他孩子有点不一样，棠妞似乎没有自己的好朋友。老师鼓励小朋友们互相帮忙垫汗巾到背上时，棠妞使劲从腰部伸手去够脖子后的汗巾，她自己一个人确实也能垫好汗巾。

午睡起床，老师在给女孩子们绑辫子，这是一个属于老师和女孩子们专属的亲密时光：女孩子们坐在老师的面前，背部靠在老师的膝盖上，老师灵巧的手在她们头上忙活，不一会儿，头发绑好了。老师会说："转过来看看。"女孩子们转过头，给予老师一个甜美的、带着谢意的微笑，而老师通常也会回以一句："哇，好美啊！"

短头发的棠妞常常在旁边看着。老师问她："棠妞，你是不是也想绑辫子啊？你可以留长发呀！"棠妞有点不好意思，她小声地说道："绑辫子需要很多时间，我不能给妈妈和老师添麻烦。"

“不给别人添麻烦”真的是好事吗？棠妞“懂事”的背后，是不是也意味着她压抑了自己，对自己不自信，不敢与人交往呢？

中班的孩子正处于自我意识飞速发展的阶段，孩子对自己的认识来自环境，来自与周围人的互动，孩子的自尊、自信，来源于他人与社会对自身行为的评价，因此成人要有意识地教会孩子认识自己，用多种方式让孩子了解自己的变化。在这个案例中，我们可以发现，棠妞非常在意成人，特别是母亲的认可和表扬，她需要借助他人的评价来确立自我，其实这是她自尊、自信建立的模式。

以他人的评价或标准来约束自己的行为，是孩子由关注自我转向关注社会规范的重要表现，说明孩子对这个社会群体的规则是认可的，并且为了获得他人的肯定而不惜牺牲自己的利益或忽视自己的需求，这是利他主义的一种表现。但是我们可以看出，这样的“乖巧”“懂事”并不是孩子的天性，过分地强调“不要给别人添麻烦”，反而剥夺了孩子与人交往、与人互动的机会，容易造成负面的影响。

父母是孩子最好的模仿对象，棠妞受妈妈的行为模式影响很大，而中班正是孩子建立道德标准和社会秩序感的关键时期，所以棠妞的妈妈如能从自身做起，以身作则，身体力行，当孩子表现出利他行为的举动时，及时给予肯定和正确的引导，就可以让孩子在帮助他人和牺牲自己利益之间找到正确的平衡点。棠妞妈妈可以抓住平时生活中和孩子交流的机会，如讲故事、和孩子去公园玩或是看电视的时候，以一种温和、易于让孩子接受的方式和孩子沟通，与孩子共同探讨当遇到类似情景的时候，可以怎么做，了解孩子真实的想法和需求，并引导孩子大胆尝试不一样的做法，告诉孩子出现的结果妈妈会共同承担。当孩子对要去做的事情表现出害怕或退缩的时候，家长可以从正面的角度帮助孩子分析，积极地鼓励孩子勇敢地去尝试，并陪伴在孩子左右给孩子充足的安全感，但是也不能强迫孩子一定去做，以免适得其反，产生负面效果。

每个孩子都是独立发展的个体，都会有长处和不足的地方，而父母的评价是孩子最重视的，是孩子建立自尊、自信的重要标准，过高或过低的期望都会影响孩子对自我的评价。在案例中，棠妞还只是一个中班的孩子，如果棠妞妈妈一味要求她要自己照顾好自己，不要给别人添麻烦，那无疑是有悖于棠妞的年龄发展特点的，会增加孩子的心理压力，使孩子出现退缩、逃避等行为。孩子如果没有达到父母的预期，就会产生挫败感，长此以往，孩子就会缺乏自信，产生自卑心理。因此家长需要根据孩子的成长特点提出合理的期望，引导孩子向合理的方向努力，帮助孩子形成自尊、自信的健康心理。

幼儿在社会领域的学习与发展过程是幼儿社会性不断完善并奠定健全人格基础的过程，主要包括人际交往与社会适应。幼儿阶段是社会性发展的关键时期，良好的人际关系和社会适应能力对幼儿身心健康发展以及知识的积累、能力的提升具有重要影响。幼儿在与成人和同伴交往的过程中，不仅学习如何与人友好相处，而且学习如何看待自己，不断发展适应社会生活的能力。

家庭、幼儿园和社会应共同努力，为幼儿创设温暖、关爱、平等的集体生活氛围，建立良好的亲子关系、师生关系和同伴关系，让幼儿在积极健康的人际关系中获得安全感和信任感，建立自信和自尊，在良好的社会环境中受到良好的文化的熏陶，学会遵守规则，形成基本的认同感和归属感。

世界上没有两片完全相同的叶子，也没有两个完全相同的人。每个孩子都有自己的特点和优势。父母要了解孩子的身心发展规律，充分理解和尊重孩子的个体差异，善于发现孩子的独特性，用其优势方面带动其他方面的发展，使孩子能够全面和谐又富有个性地发展。

了解孩子

一、中班孩子身心发展特点

中班是孩子热衷于探索、发现，接受各种事物的时期。在这一时期，随着身心的发展，孩子对周围的生活更熟悉了，他们喜欢不停地看、听、摸、动，见到新奇的东西，总爱用手去碰一碰、拿一拿，还会放在嘴里咬一咬、尝一尝，或者放在耳边听一听、凑到鼻子前闻一闻。他们会积极地运用感官去探索、去了解新鲜事物，通过感觉以及各种活动来探索世界，建立对周围环境的认识和概念。那么中班孩子的发展具体体现在哪些方面呢?

（一）动作发展

进入中班，孩子的运动机能有了进一步的发展，大肌肉动作发展更加完善，肌肉的灵活性及手眼协调性提高，体力明显增强，身体各个部位能较好地协调活动。他们身体的平衡能力有了很大的提高，在走平衡木的时候不再像小班那样需要张开双手保持平衡，一点一点地挪动着脚走，他们已经可以两只脚一前一后交替地走平衡木了。随着他们对自己身体掌控能力的增强，他们的胆量也得到了很大的提高，从稍高一点的地方往下跳时，不再战战兢兢，畏缩不前，而是可以大胆、敏捷地跳下来，还学会了落地时屈膝，保护自己不受到伤害。

中班的孩子不但可以自如地跑、跳、攀登，而且可以单足站立，双脚交替地上楼梯，会抛接球，能骑小车等。同时，他们小肌肉的精确控制能力有了很大的提高，手指动作更加灵活，可以熟练地掌握穿脱衣服、扣纽扣、拉拉链、系鞋带等生活技能，也能学会折纸、串珠、拼搭积木、剪纸等精细动作。动作质量明显提高，既能灵活操作，又能坚持较长时间。因此，父母可以放手给孩子多一点锻炼的机会，鼓励孩子在家做一些力所能及的家务活，如帮忙洗碗、扫地、折毛巾、倒水、给弟弟妹妹穿鞋穿衣服等，这样既使孩子小肌肉的精细动作得到锻炼，又培养了他们为他人服务的精神。

（二）语言发展

中班的孩子已经能清晰地用语言表达自己，掌握词汇的种类和数量迅速增加。他们喜欢与家人及同伴交谈，喜欢听故事；在听完故事后，能说出重要的情节；讨论时，能说出自己的想法。他们也会用完整的句子描述自己的经历和感受，但有时讲话会断断续续，因为他们还不能记清事物现象和行为动作之间的联系，需要借助一定的外物帮助他们进行联想。他们还会根据对话对象的不同，调整自己的表述，如对弟弟说：“爸爸去上班了，我们和妈妈去超市。”对妈妈说：“你带我和弟弟去超市买冰激凌吧。”

此外，中班的孩子开始关注周围人的对话，喜欢模仿成年人的表达方式，会把自己在生活中听到的、看到的且感兴趣的一些语句不自觉地运用在和别人交流的过程中。所以有时候家长会感到奇怪，孩子为什么会懂得说这样的话？其实这是孩子观察生活、学习语言的一种表现。如果家长仔细观察的话，会发现孩子对一些夸张化的词语或有韵律感的发音特别感兴趣，如“超级厉害”“世界第一”“嗷呜嗷呜”“叽里呱啦”等，而且他们在说这些词语的时候，还会加上一些夸张的动作来逗乐周围的人，这说明孩子已经能越来越熟练地运用自己的语言了。

这个时期的孩子已经能理解简单的因果关系并将其表达出来，还可以使用假设句来讨论有可能会发生的事情，如“下雨天我如果没有带伞的话，就会被淋湿”。有的孩子还能够运用已经掌握的词汇和积累的知识经验对一些事物进行概括，比如“我不听话的时候妈妈生气，我乖的时候妈妈高兴”。

（三）认知发展

中班是孩子思维活动发展的关键阶段，也是逆向思维发展的关键阶段。他们的理解能力快速地发展，不但能广泛了解事物的现象，而且要求了解事物的因果等关系，如能够明白如果不给花浇水，花就会枯死的道理。

这一时期孩子的思维方式仍以具体形象思维为主。在注意力上，注意的广度逐渐拓宽，关注的事物逐渐增多，集中精力参与某项活动的时间也较以前延长，小班集体活动 15 分钟，中班为 25 分钟左右。他们能接受成人的指令，完成一些力所能及的任务。

中班孩子在已有感性经验的基础上，开始能对具体事物进行概括分类，但概括的水平还很低。其分类的依据是具体事物的表面属性（颜色、形状、大小等）。如把苹果、胡萝卜、西红柿归为一类，认为这些都是可以吃的；把足球、轮子归为一类，认为这些都是圆形的；把玉米、香蕉归为一类，认为这些都是黄色的。孩子的思考逐渐由具体转为抽象，对事物的理解能力增强，慢慢建立了基本的时间与数字概念，大部分孩子能理解 10 以内的具体数字概念，知道早上、中午、晚上的时间顺序，能理解昨天、今天、明天等时间概念。在空间概念上，孩子能区别前后等位置。孩子对物体类别的概念也有了初步的认识，会区别轻重、厚薄、粗细等。而且孩子有了性别的概念，能有意识地区分男孩和女孩，并且更倾向于去找同性别的同伴进行游戏。

中班孩子的形象知觉快速发展，机械记忆能力增强，抽象、逻辑思维能力开始发展。父母可以发现，有时在跟孩子说某样东西需要让他们理解或者记忆的时候，光靠语言很难让孩子记住，但是如果用图片搭配语言来帮助孩子理解记忆，孩子很快就记住了，而且一看到这张图片就能想起这个东西。这是因为孩子现阶段仍是以具体形象思维为主，他们对事物的理解往往依靠具体的形象，所以直观、形象化的图片能帮助孩子更好地理解事物的概念。

随着年龄的增长，中班孩子的好奇心、求知欲望也越来越强烈，还常常喜欢寻根究底，不但要知道“是什么”，而且还要探究“为什么”，如为什么天上会有彩虹、为什么汽车轮子会转动等。

（四）情感发展

中班孩子的情绪与小班相比更稳定了，他们的行为受情绪支配的比例在逐渐下降，开始学着表达、控制自己的情绪。当他们看到喜爱的玩具并想要时，已不像小班那样不管不顾地吵着要，而是在成人的引导下，慢慢学会控制自己的情绪，尝试用语言进行沟通；当要求得不到满足时，也能通过别的方式缓解或发泄，而不再是一味地用肢体动作来表达。同时，他们也学会了更多表达情绪的词语，如高兴、生气、难过、害怕、讨厌等，他们逐渐学会了用这些情绪词语来表达自己或他人的情绪感受，但是，他们的情绪管理能力还比较弱，在面对特别感兴趣的事物的时候，仍容易受情绪支配，甚至还会出现情绪失控现象，采用大喊大叫或身体接触等激烈的方式来表达情绪。因此，父母在这一阶段要学习接纳孩子的情绪，当孩子产生负面情绪的时候，不要一味地责骂他们而忽视了他们情绪产生的真正原因。只有当孩子感觉到自己被理解和被接纳的时候，他们才能感受到父母的爱，产生安全感，才能慢慢学会正确处理自己的负面情绪。

同时，中班孩子也开始有了集体的观念，喜欢和同伴一起游戏、合作，能和他人分享，会相互帮助，他们喜欢和要好的伙伴分享秘密，对他人的感觉更加敏感，会关注到其他孩子生气或难过的情绪。在活动中，他们也逐渐掌握了一些与同伴交往的技巧，还获得了领导同伴和服从同伴的经验，随之而来的，与同伴间的矛盾冲突也更多了。还有一个比较明显的特征是，孩子们的规则意识开始萌芽，懂得了更多的社会规则和行为规范，如知道要排队洗手、轮流玩玩具等，开始以集体的准则来衡量自己和他人的行为，因此也频繁出现了各种“告状”行为。

（五）想象力发展

中班的孩子活泼好动并且富于想象，已经逐渐从无意想象阶段过渡到有意想象阶段。小班时，孩子的想象多是由外界刺激引起的，且容易受情绪和兴趣的影响，比较零散，如孩子在吃饭的时候比较磨蹭，但是如果有人在一旁提醒“要大口大口吃饭，才能变成大恐龙哦”，孩子就会受到鼓动，开始认真吃饭。而到了中班，孩子们在游戏中会开始出现有目的、有主题的有意想象，在这一过程中，他们难以分清假想和现实，常常会把看到的内容融入自己的想象，如孩子从床上跳下，提醒他注意安全时，他会说：“没关系，我是奥特曼，我会飞。”并且他们还喜欢玩角色扮演的游戏，常和想象中的伙伴一起玩，家长们有时候会发现孩子出现“撒谎”的现象，不用过分紧张，这并不是真正意义上的撒谎，只是他们在用想象代替真实。孩子也常会在游戏中凭借自己的理解去运用生活中的一些语句或模仿成人的一些行为，因此父母也可以根据孩子在游戏中的表现，了解在孩子眼中的成人世界是怎么样的。

中班孩子不但爱玩，而且会玩。此时他们不仅游戏兴趣显著提升，而且游戏水平也大大地提高了，他们能够自己选择游戏主题、组织分工、扮演角色等。他们还出现了以物代物的行为，如会用积木代替电话机、用“雪花片”代替电影票等，孩子的表征水平有了提高。他们的游戏不仅反映日常生活的情景，还经常反映电视剧、电影里的情节，这也是他们想象力在发展的一种表现。

这一阶段的孩子对成人的世界充满了好奇，容易被一些神秘的、现实生活中不常见的事物吸引，如打怪兽、抓坏蛋、拥有超能力、魔法变身、枪战等。他们经常喜欢在游戏中扮演这类角色，这会让他们异常兴奋。这些游戏有助于孩子消耗过多的精力，帮助他们结交同伴，树立自信。但是如果家长对这类内容不加以限制，任由孩子自由发挥的话，这些游戏也有可能会转变为具有破坏性或危险性的行为。因此，在孩子们进行游戏的时候，家长可以以参与者或引导者的身份介入，帮助孩子树立正确的价值观，降低游戏中的暴力性。

二、中班孩子社会交往发展规律

良好的社会交往能力有助于孩子情绪与情感的发展，也有助于孩子自信与自尊的提升。社会交往行为不但是孩子社会性行为的重要方面，更会对认知能力、语言能力的发展起到促进作用。而中班孩子根据自身的年龄特点，其社会交往能力也表现出了一定的发展规律。

（一）由以自我为中心开始向去自我中心发展

与小班孩子相比，中班孩子的社会交往能力有了更大的提升。小班时，他们更多地是以自我为中心，不会主动发起游戏或加入活动，喜欢独自玩耍，与成人、同伴之间没有形成合作关系。而到了中班，孩子最明显的特征就是开始不再以自我为中心了。他们开始能从他人的角度去理解他人的想法，从“没有人和我玩，我不开心”到“没有人和他玩，所以他不开心”。举个例子：自由活动时，小朋友们在玩老鹰抓小鸡的游戏，豆豆也想加入，但是又不知道怎么做，一个人闷闷不乐地在旁边看着。这时，在一旁玩球的安安发现了，她走到豆豆身边问：“豆豆你怎么啦？为什么不开心呀？”豆豆低着头不说话，安安摸了摸他的头说：“别难过，妈妈说摸摸头会舒服一点哦，我们一起来玩球吧。”说完就把球递给了豆豆。从两个孩子的表现可以看出豆豆希望加入他人的游戏中，说明豆豆已经开始有了主动交往的意愿，但是因为没有学会相应的交往技能，所以他出现了退缩行为。在豆豆出现负面情绪的时候，安安敏锐地察觉到了豆豆的情绪变化，还能根据自己的已有经验帮助他缓解情绪，说明安安已经开始向去自我中心发展，逐渐关注到他人，并且掌握了一些简单的释放负面情绪的方法。

同时，在与同伴交往的过程中，孩子的自信心也会逐渐增强，并且能逐渐习得参与同伴游戏的技能，独自游戏逐渐减少，群体游戏逐渐增加。中班孩子的同理心也在逐步发展，在与同伴的交往中能彼此体谅与照顾，游戏能力发展很快，会互相商量安排游戏角色，游戏情节逐渐丰富。

（二）由被动交往开始向主动交往发展

小班孩子由于长时间与家人在一起，缺乏社会交往经验。他们刚刚踏入集体生活，需要适应新环境，因此交往具有被动性，喜欢和熟悉的人亲近，不会主动与人打招呼。而中班孩子在语言发展能力和社会适应能力方面都有了很大的提升，开始尝试主动和自己喜欢的人交往，能主动参与自己感兴趣的活动，并且在与同伴游戏的过程中逐渐学会了互助、分享等交往技能，这些交往技能有助于孩子维系良好的同伴关系、提高社会适应性和培养优良道德品质。例如在教室主题区里，妮妮和果果在玩小厨师的游戏，她们商量着要做一个美味的蛋糕。妮妮说："我来负责抹奶油，你来负责装饰蛋糕，好吗？"果果点点头说："好呀好呀，我要在蛋糕上面画一颗爱心。""那你去找一点装饰的材料过来，我先把奶油抹上。"妮妮边说着，边把白色的胶泥按扁并粘到了蛋糕形状的坯子上。果果听了她的话，拿着小篮子开始去找材料。妮妮和果果的行为说明她们在游戏过程中已经开始意识到分工合作的重要性，开始接纳他人加入游戏，游戏情节也逐渐丰富起来。正是因为有了主动交往的行为，孩子开始形成自己的伙伴群体。每个孩子都有自己喜欢亲近的人，可以是老师也可以是小伙伴，随着孩子的交往增加，"小团体"的现象也慢慢出现了。父母会觉察到孩子开始经常聊起固定的几个游戏玩伴，有些孩子还会要求父母主动去联系自己的好朋友，在周末空闲时间一起出去玩。

（三）由使用肢体动作开始向使用交往技能发展

由于小班孩子以具体形象思维为主，语言能力仍在发展中，社会交往能力较弱，他们在与同伴互动的过程中往往不会用语言表达来解决问题，而常用肢体动作来处理冲突，因此容易做出类似攻击性的动作。到了中班，孩子们开始愿意主动交往，能尝试使用一些基本的交往技能来与人交流，如主动沟通、共同分享、分工合作等，但对交往技能的运用仍不够熟练，如中班的孩子会主动寻找同伴一起游戏，但是在面对游戏过程中出现的一些问题，如产生矛盾、合作失败、分工不明等，往往缺乏有效的解决方法，还不能独立解决。虽然孩子开始使用交往技能，但是由于他们自身的认知、动作和语言等能力的发展还不完善，因此遇到问题时常常出现退缩或攻击性行为，或者喜欢告状，寻求帮助，需要在成人的协助下解决冲突。家长们会发现，这一阶段的孩子会频繁地出现告状行为。例如，小米、球球和多多在教室建构区玩搭积木游戏，她们正在搭一个大城堡。乔乔走过来看到了，也想加入，问："我也想搭城堡可以吗？"小米看了她一眼，说："不要，这是我们的城堡，你别过来。""可是我也想玩，你看，我可以给城堡修一座桥。"说着，乔乔就拿了一块长条积木拼接在了她们的城堡上，多多一下子就生气了，她把乔乔推开说："你走开，不要破坏我们的城堡！"球球也应和道："对呀对呀，这是我们的城堡。"结果，乔乔一个没站稳，倒在地毯上，积木撒了一地……看着坍塌的积木，几个孩子都哭了起来。从这个例子中我们可以发现，小米、球球和多多因为共同游戏，无形间已经形成了一个同伴群体，因此她们对乔乔的加入有抵触的情绪，而乔乔能运用沟通的方式试图加入她们的游戏，说明乔乔已经初步具有使用交往技能的意识，但最终因为沟通失败，发生了冲突而导致游戏无法进行下去，需要成人的支持才能解决。

实施指南

如何帮助孩子在这个阶段好好成长呢？

一、给孩子提供交往的时间

利用周末、假期或者是一天中的某个固定时段，比如晚饭后的一个小时，让孩子和他的朋友一起游戏、交谈，让孩子能练习交往技能。

二、交往对象可循序渐进

如果您的孩子比较害羞，可以在开始的时候让他和比自己年纪小一点的、同性别的孩子一起玩耍，然后逐渐过渡到和同龄的、同性别的孩子一起玩耍，最后再到和同龄的、异性的孩子一起玩耍，让容易害羞的孩子慢慢学会交往。

三、认真倾听

当孩子和您谈论他与同伴交往的困惑和担心时，一定要认真、专注地倾听，最好还能跟孩子聊一聊，表明您真的很在意孩子的感受。

四、帮助孩子记住同伴的名字

如果您的孩子刚进入一个集体，或即将参加一个小型的聚会，帮助孩子一起记住同伴的名字是个不错的做法。因为孩子与自己能喊出名字的同伴接触时，会感觉到舒服，有利于消除陌生感。

五、帮助孩子了解哪些行为是受小伙伴欢迎的，哪些不是

比如孩子想加入小伙伴的游戏，但采取了抢夺他们玩具的方式，这个时候，您可以把孩子带到一旁，告诉他："我知道你想和他们一起玩，但是你抢他们的玩具会让他们觉得你不允许他们玩，他们心里会很不舒服。你可以询问他们，也可以把你的玩具展示给他们看，让他们知道你想和他们一起玩。"

六、以参与者的身份协助孩子进入集体游戏中

当孩子徘徊在其他孩子周围，想加入他们的游戏但是又不太敢的时候，您可以以参与者的身份带着孩子一起加入游戏，引起其他孩子的注意，引导孩子和其他小朋友成为朋友。如小朋友们在沙池玩寻宝游戏，

您的孩子也想加入，这时您可以带着他一起在沙池里挖掘，并在发现“宝藏”后，招呼周围的孩子说：“快来看，我们发现了一个宝藏！把它一起放到你们的‘藏宝洞’里吧！”引导孩子自然地加入游戏。

七、交往技巧很重要

在游戏或日常生活中，可以引导孩子学习一些和朋友交往的技巧，如礼貌用语的运用，别人帮助了自己要说“谢谢”，不小心碰到了别人要说“对不起”，等等；学会倾听，发生冲突时先心平气和地听听别人的解释；表达自己的愿望时要客气些，交往中要尽量互帮互助；等等。

八、提高孩子的语言沟通能力

语言是沟通交流的基础，您在平时和孩子玩游戏的时候，可以有意识地发展孩子的沟通交流能力，选取孩子感兴趣的主题，学习如何展开和结束话题，帮助孩子更好地和朋友进行互动。

九、与孩子共情，帮助孩子正确地处理自己的情绪

当孩子因为被小伙伴拒绝、冷落或忽视而产生负面情绪的时候，您应该学会与孩子共情，倾听并接纳孩子的情绪，帮助他识别自己的情绪，如问他：“你现在感觉怎么样？”让孩子说出自己的情绪，然后让他说一说为什么会产生这样的情绪，最后给孩子提供一些宣泄情绪的方法，如“我知道他不愿意和你做朋友你很伤心，这真是一件令人难过的事情。来，我们一起做点开心的事情吧”。

十、正确看待孩子间的冲突，充分利用冲突进行教育

父母是孩子最好的老师，面对孩子间的冲突，父母应该积极引导，帮助孩子学会正确面对，解决冲突。如果您因为怕出事而选择包办解决，那您的孩子在面对问题的时候就容易变得懦弱怕事；如果您因为怕吃亏

而要求孩子受到欺负了就要报复回去，那您的孩子则容易形成以暴制暴的消极信念。孩子与孩子之间是一种平等的关系，他们在冲突中会各抒己见进行协调。解决冲突的过程对孩子来说是一种锻炼，在这个过程中他们逐渐学会协商解决问题，今后不必要的冲突会越来越少，同伴关系会更和谐。

延伸拓展

推荐书目

1.《好朋友》（作者：[德] 赫姆·海恩；出版单位：明天出版社）

图书简介：小猪波波、小老鼠强强和公鸡咕咕是好朋友，它们认为好朋友是永远不分开的。每天清晨在小老鼠强强和小猪波波的帮助下，公鸡咕咕叫醒农庄里所有的动物。之后它们便相互合作骑一辆自行车去兜风：公鸡咕咕扶车把，小老鼠强强和小猪波波一左一右地踩脚踏板。它们还相互合作划一只小船：公鸡咕咕扬帆，小老鼠强强划桨，小猪波波则用屁股堵住船底的窟窿。它们搭了一个"人梯"去摘树上的樱桃，"人梯"从下至上依次是小老鼠强强、公鸡咕咕和小猪波波……它们发誓要做一辈子朋友，因为好朋友是永不分离的，可是它们最后还是分开了……但是在结尾处，作者安排了三个好朋友在美梦里相聚。即使分离，只要依然相互关心，彼此间的感情就不会冲淡！

推荐理由：幼儿园中班的孩子经常把和谁是好朋友挂在嘴边，然而怎么跟朋友相处却是孩子需要学习的一件事，而《好朋友》这个故事轻松温暖、诙谐俏皮，没有生硬的说教，却有深刻的道理，非常适合孩子阅读。

》》》 2.《南瓜汤》（作者：［英］海伦·库柏；出版单位：明天出版社）

图书简介：故事发生在一幢非常古老的小白屋里，小白屋里住着鸭子、猫和松鼠。这三个好朋友每天一起做南瓜汤，其中猫负责切南瓜，鸭子负责加盐，松鼠负责搅汤，他们各司其职，做出世界上最好喝的汤。直到有一天，鸭子因不满分工而和好朋友们吵架，离家出走了！这下可怎么办呢？这是一个关于友情和分工合作的故事，讲述了好朋友之间因为意见不同发生分歧时，通过互相退让和协作最终和好如初的故事。

推荐理由：随着孩子交往需求的增强，他们在与同伴交往的过程中总会不可避免地遇到大大小小的矛盾冲突。如果和好朋友吵架了，应该怎么办呢？这个绘本给出答案，让孩子明白友情是需要维护的，彼此之间的包容与互助，才能让爱传递下去。

评估改进

一、自我评估

亲爱的家长，您好！请根据您在日常生活中的实际情况在下列题目中做出选择。

1. 您经常给孩子创造与同龄伙伴交往的机会吗？（　　）

A. 很少　　B. 有时　　C. 偶尔　　D. 经常

2. 您的孩子和朋友间的互动方式是怎样的？（　　）

A. 各玩各的，虽然在同一个游戏场地，但相互之间没有什么交流

B. 玩相同的玩具或相似的游戏，有相互模仿现象，但相互间没有合作

C. 一起游戏，谈论共同的话题，但个人的活动是第一位

D. 以有组织和合作的方式进行游戏，有被分配的扮演角色，并且认同游戏的主题和目标

3. 当孩子在和好朋友玩耍的时候，您在做什么？（　　）

A. 一直盯着孩子，有一点不对劲就马上介入

B. 离开孩子身边，让孩子自己玩

C. 陪在孩子旁边，但做自己的事情

D. 观察孩子的状态，当孩子有需求时提供帮助

4. 您的孩子经常和好朋友发生冲突吗？（　　）

A. 经常　　B. 偶尔　　C. 有时　　D. 很少

5. 当孩子和好朋友发生冲突的时候，您是怎么做的？（　　）

A. 不解决问题，把孩子带走，并要求孩子不要再和这个朋友交往

B. 直接帮孩子解决问题

C. 一步步地教孩子解决冲突

D. 为孩子提供方法，鼓励孩子自己解决冲突

6. 当孩子出现不良行为的时候，您会对自己的教育方式进行反思吗？（　　）

A. 很少　　B. 有时　　C. 偶尔　　D. 经常

【评估参考】

得分说明：作答时选择 A 得 1 分，选择 B 得 2 分，选择 C 得 3 分，选择 D 得 4 分。

得分分析：

①总得分 19 ～ 24 分的家长注重给孩子创造积极探索世界的机会，把更多的选择权利交给孩子，家长只是起到积极引导的作用。如此一来，孩子就会有充足的空间与人交流，拥有独立的人格，愿意尝试新鲜事物，与不同的孩子交往，这对于孩子的社会性发展是很有帮助的。

②总得分 13 ～ 18 分的家长能关注到孩子的社会交往发展，初步意识到同伴交往对孩子社会性发展的价值，并能有意识地帮助孩子在游戏中通过和同伴的互动去发现自己和他人的不同，让孩子尝试理解、接纳他人，但也要注意，容易出现干预过多的情况。

③总得分 7～12 分的家长给予孩子足够的自由进行游戏，但是也缺少了一定的规则意识，这样会使孩子容易产生一些不良的行为习惯，出现以自我中心的行为，在和别人交往时，孩子很少会为他人着想，缺乏对他人的热情和关心，影响孩子健康心理的形成。

④总得分 6 分及以下的家长把过多的关注放在孩子身上，怕他们受到伤害。幼儿期是孩子社会交往飞速发展，建立自尊、自信的有利时期，如果过度保护孩子，会使孩子容易依赖别人，遇到问题的时候会首先想到寻求帮助，而不是自己想办法解决问题，也不能忍受做事的艰辛和困难，不利于孩子交往能力的发展。

二、改进计划

中班是孩子社会性发展的一个重要阶段。孩子的社会性发展始于家庭，家庭教育对孩子的影响不仅取决于家长的品性，而且取决于家庭的教育方式。不同的家庭教育方式对孩子社会化和人格素质形成的影响是不同的。接下来，您打算如何为孩子营造出一个利于孩子社会交往的家庭氛围呢？一起来思考一下吧！

1. 要怎样帮助孩子面对和朋友之间的矛盾呢？

2. 当孩子需要鼓励时，您会怎样做？

3. 您和家人与孩子互动的方式都有哪些？

第二专题 好坏习惯须分辨

1978 年，75 位诺贝尔奖获得者在巴黎聚会。人们对诺贝尔奖获得者非常崇敬，有个记者问其中一位："在您的一生里，您认为最重要的东西是在哪所大学、哪所实验室里学到的呢？"这位白发苍苍的诺贝尔奖获得者平静地回答："是在幼儿园。"记者感到非常惊奇，又问道："为什么是在幼儿园呢？您认为您在幼儿园里学到了什么呢？"这位诺贝尔奖获得者微笑着回答："在幼儿园里，我学会了很多很多，比如把自己的东西分一半给小伙伴们，不是自己的东西不要拿，东西要放整齐，饭前要洗手，午饭后要休息，做了错事要表示歉意，学习要多思考，要仔细观察大自然。我认为，我学到的全部东西就是这些。"所有在场的人对这位诺贝尔奖获得者的回答报以热烈的掌声。大多数科学家都认为，他们终生所学到的最重要的东西，就是幼儿园老师教给他们的良好习惯。

我国教育家陈鹤琴先生说："习惯养得好，终生受其益；习惯养成不好，终生受其累。"良好的习惯对人的一生产生重要影响，幼儿阶段是习惯养成的关键时期。

4～5 岁的孩子处于各种习惯养成的关键期，此阶段孩子对规则和行为有着敏感的认知，可以比较敏锐地感受到周围环境对自身行为习惯的反馈，家长和老师要积极地对孩子的良好习惯做出反馈，对不良的习惯要及时地进行引导，为习惯的养成打下良好的基础。因此，这个阶段家长要关注孩子习惯的方方面面。

家长首先要积极地关注孩子的各种行为习惯，比如日常生活习惯、学习习惯等都是在此阶段进入发展的关键期，不能只关注某一方面，应做到全面关注。其次家长要积极地对孩子的习惯表现做出反馈，鼓励孩子发展良好的习惯，及时引导孩子摒弃不良的习惯。

那么，家长应该如何去做才能更好地培养幼儿良好的习惯呢？家长首先应注重孩子所在的家庭环境对孩子产生的潜移默化的作用，其次关注自身对孩子所做出的榜样作用，具体的方法接下来依次解答。

案例分析

案例一 烦躁的林林

林林是个活泼的小朋友，对什么事都很热心，积极参与各项活动，但是在热心参与的同时，他经常出其不意地抢夺自己喜欢的却在其他小朋友手中的玩具，引起争斗和打闹。林林胆量非常大，可以做一些难度较大的动作，比如翻腾、跳跃、奔跑等，时常致使自己跌倒，甚至受伤。

每次到吃饭的时候，林林需要大人把饭喂到嘴里，大多数时候林林会要求由外公喂饭。如果大人们与之同时用餐，经常会发生“灾难”。他会用手抓餐桌上的菜肴，吃了几口就吐到餐桌上，这时，家人尤其是外公会觉得他很“可爱”，笑脸相迎。林林还尤其喜欢军事玩具，家人便为其购买了许许多多的军事玩具。林林在玩弄玩具一会儿后，就会用力地摔打玩具，弄坏玩具一般也不会遭到家人的指责。饭前洗手和睡前洗澡对林林而言都很费劲，他会激烈反抗，家人只能“连骗带哄”让林林去洗手洗澡。林林在家十分喜爱摆弄电视机，如开开关关或反复调频道，打扰大人看电视。如果自己的行为招致大人的责骂，林林就会用行动，比如用脚、手和唾沫来攻击大人。林林喜欢玩水，经常把家里弄成“水漫金山”，自己也是满身脏兮兮、湿漉漉的。

案例中的孩子林林是一个不到 5 岁的男孩子，作为独生子女，林林的行为会以自我为中心，只要自己喜欢，好像一切都是为自己而准备的。父母对林林的态度是：爸爸大部分情况下站在林林这边，经常为了哄林林开心而去购买他喜欢的军事玩具，让他随性而为；妈妈是表面严厉，实际宽松。林林遇到自己喜欢的东西时，经常不管规则，巧取豪夺，据为己有。林林眼中的其他小朋友是自己的玩伴，但当他们与自己的利益发生冲突时，林林就会不顾一切地争取，不论手段是否妥当。

1. 家长要有耐心

案例中，林林对自己不愿意做的事情，比如洗澡、洗手等有强烈的反抗情绪。面对这样的孩子，家长要耐心地对待他们，因为即使家长情绪激烈，孩子的行为习惯也不会因家长的责骂而改变，反而可能会越来越差。

2. 家长要学会自我反思

生活中孩子任何一个习惯的养成都离不开家庭环境潜移默化的影响，因此当孩子出现不良行为习惯时，家长要自我反思在孩子最初养成习惯时是否因举止不当而对孩子产生了不良的影响，找到问题的根源才能更好地找到解决问题的方法。

案例二　妈妈是一面镜子

妈妈带4岁的女儿乐乐一起去逛街。走在路上，乐乐不小心踩到地上的香蕉皮，滑倒了。妈妈立刻把香蕉皮扔进垃圾箱并问乐乐：“你知道今天为什么会摔跤吗？”乐乐摇摇头，一副茫然的样子。妈妈对她说：“你今天摔跤是别人不讲卫生，乱扔果皮造成的。你以后吃水果的时候，不要将果皮随地乱扔，要不别人也会跟你一样摔跤了。”乐乐点了点头说：“妈妈真棒！把垃圾扔进了垃圾箱。”在平时的生活中，全家人都在用言行教育着乐乐。久而久之，乐乐不仅养成了不乱扔垃圾的好习惯，而且有时还会像个小大人似的教育别人。就这样，一些细小的举动逐渐形成习惯并内化成一种品质。这只是一件很普通的事，但往往就是一些再细小不过的举动会影响到孩子，如排队、让座、不随地吐痰等都是如此。要孩子做到的，自己首先要做到；不要孩子做的，自己坚决不做。当然，为孩子创造良好的家庭环境也是很重要的。

人们常说，家长是孩子的一面镜子，有什么样的父母就有什么样的孩子，孩子随时随地都在观察着父母的一举一动。父母必须以身作则，严格要求自己，为孩子树立一个好的榜样。古人云:“其身正，不令而行;其身不正，虽令不从。”如果家长们在孩子面前能够表现出良好的行为，以好的行为去潜移默化地影响孩子，孩子就会逐步养成良好的行为习惯和道德规范。如果只重言教，不能“正其身”，就会让孩子感到言不由衷、口是心非，家长自己也会失去教育孩子的力量。因此，当家长在埋怨孩子不懂得与人友好相处、不会关心身边的人或事时，家长应该首先问问自己有没有保持良好的言行和高尚的道德情操。

案例中的母亲为培养孩子良好的行为习惯创设了良好的环境，孩子在潜移默化中养成了良好的行为习惯。

1. 创设良好的家庭环境

良好的家庭环境就是一面镜子，让孩子看到榜样、看到自己。家长要排除家里一切不利于孩子成长的环境因素，创设出良好的家庭环境，比如整洁的房间、干净的穿着、良好的作息等，这些都是环境中关键的要素，孩子在这样的家庭环境中就会养成良好的行为习惯。

2. 树立正确的家庭教育理念

树立正确的教育理念，科学引导。教育理念就像撑船的舵手，它能帮助我们把握好航行的方向。有些父母很想让孩子养成良好的行为习惯，可是他们却并没有采取正确的方法，而是溺爱孩子，使孩子的行为习惯得不到有效的管教。在家里，对孩子提出的要求无条件地满足，这种做法很容易让孩子形成独占意识，使孩子不懂得尊老爱幼，不会关心别人。家长要树立正确的教育理念，对孩子进行科学的引导。在平时的教育中，家长可以从孩子感兴趣的事物出发，给孩子讲有教育意义的故事，每天进行亲子阅读，这样不仅能让孩子养成良好的习惯，而且也能增进亲子间的情感，让孩子感受到你对他的爱，让他也学会爱别人、尊重别人。比如在孩子挑食、浪费食物的时候给孩子讲绘本故事，充分利用故事蕴含的教育的力量，启发孩子爱惜粮食，从而养成节约的好习惯。

3. 学会科学的教育方法

家长只有学习了科学的教育方法并掌握了科学的教育技巧，才能更好地和孩子沟通，比如通过绘本故事引导孩子了解养成良好的行为习惯的重要性。

案例三　唠叨和爱告状的小姑娘

甜甜是一个活泼开朗的小姑娘，见人总是笑嘻嘻的，话还特别多，大人们都叫她“小话痨”，可是最近甜甜又多了一个绰号——“小事儿妈”。原因是什么呢？原来是最近甜甜特别喜欢告状，只要受了一点儿委屈就会哭着向爸爸妈妈告状，让爸爸妈妈替她出头。甜甜无论大事小事都要告状，不是今天蜜蜜推了她一把，就是昨天小米拿了她的铅笔。甜甜告完状后，还常常委屈得大哭。如果爸爸没有答应她的要求，她就会噘着小嘴向妈妈告状；如果妈妈没有答应她的要求，她就会去爸爸那儿告状。甜甜父母真不知道甜甜为什么这么喜欢告状。

刚开始时，甜甜父母认为甜甜太小了，就什么事情都替她出头，只要她受一点儿委屈就会去替她“教训”其他小朋友。但是，随着年龄的增长，甜甜好像并没有减少告状的频率，仍然是什么事情都向父母告状，需要父母替她出头。甜甜父母开始担心了，因为甜甜爱告状，所以好多小朋友都不喜欢和她玩了，甜甜父母担心她的朋友会越来越少。如果不让甜甜告状，又担心她受欺负不和父母说。到底该怎么办呢？

除了爱告状、唠叨，在玩游戏时，甜甜也经常自言自语，她会创造各种不同的角色，一会儿和这个角色对话，一会儿和那个角色对话，好像在和这些“小伙伴”一起玩耍似的。甜甜父母也担心甜甜是不是出了问题？或是因为甜甜一个人太孤独了？

案例中说的唠叨、爱告状、自言自语都是这个阶段幼儿发展的特点，但是案例中父母的反应是不恰当的。很多家长遇到过这样的问题：当孩子告状时，家长担心孩子受欺负，就会替孩子出头，后来发现孩子会越来越依赖家长；或者当孩子出现自言自语这种行为的时候，家长会觉得孩子出了问题。其实这是孩子语言、思维及道德意识发展的结果。

1. 不应该过多地介入

案例中，孩子只要告状，父母就回应，并且帮助孩子处理，这样其实会加重孩子的依赖心理。孩子爱告状是由孩子的年龄特征决定的。0～9岁的孩子处于一个叫“前习俗水平”的阶段，这个阶段的孩子进行道德判断的特点就是评定行为的好坏主要看是否符合自己的利益，只要遇到他们认为是坏的事情，就要向家长或者老师告状。所以，当孩子告状的时候，家长们应该重视起来，但是家长们要尽量减少介入，否则对解决问题是非常不利的，会影响孩子提升自主解决问题的能力，加重孩子的依赖心理，还会导致孩子不能顺利地向“习俗水平”阶段过渡，养成爱告状的毛病。

有些家长会对孩子说，小事情不要告状，等到大事情再去告状，可是孩子哪里分得清大事情、小事情？因此他们遇到事情就会向家长告状。除了年龄特征，以下几个原因也是导致孩子爱告状的重要因素：

（1）孩子在遇到问题的时候，经常会手足无措，这个时候，他们就会求助于自己的父母，让父母帮助他们解决问题，于是他们就会用告状的方式获得父母的帮助。

（2）当孩子受到委屈向父母哭诉的时候，父母总是会对其进行安慰，这也是孩子求得关爱的一种方式。

（3）孩子通过检举他人的不当行为，让父母对自己的是非判断能力做出肯定。

（4）孩子向父母或者老师揭发他人做得不正确的事情，以此求得表扬。

（5）孩子做了错事，为了逃避责任、批评或惩罚，这个时候也会告状。

（6）孩子出于嫉妒的心理，当他人受到表扬的时候，就会以告状的方式来表达不满。

2. 不应该给孩子起绰号

案例中的大人不了解这个阶段孩子发展的特点。由于孩子自言自语和话多，就给孩子贴标签，这样做是不恰当的，虽然里面包含了幽默和爱的成分，但是这种行为会加大孩子对自己的不准确的认知。3 岁是语言发展的关键阶段，也是外部语言向内部语言过渡的阶段，而自言自语就是孩子的外部语言向内部语言转换的表现。2 ～ 3 岁的时候，孩子开始形成具体的思维，这个时候他们要通过言语来帮助自己思考，并且慢慢将思路梳理清楚，也就出现了自言自语的现象。自言自语是孩子思考的方式，也是孩子思维的有声表现。孩子的自言自语会在 3 岁以后达到高峰期，在 8 ～ 9 岁的时候完全消失。

心理学研究表明：孩子的自言自语其实是一种创造性的说话游戏，这类游戏是孩子发展语言能力的主要途径。孩子自言自语时往往会把自己想象成某种角色，然后按照这个角色的身份说话，比如孩子在玩玩具熊的过程中，就会把自己想象成玩具熊的爸爸妈妈或者小伙伴，然后对玩具熊说个不停。在这个过程中，他们对玩具说的话有可能是爸爸妈妈对他们说的话，也有可能是自己在故事中看到的，或者是自己创造出来的话。所以，自言自语对孩子来说是非常重要的，这是语言表达能力发展的表现。

3. 应多鼓励，少表扬，多描述，少评价

在肯定孩子的原则中最重要的一条是多鼓励、少表扬，多描述、少评价。比如当孩子出现告状行为的时候，家长应该如何做呢？尊重、理解孩子，认真倾听孩子的诉说。在孩子告状的时候，无论是大事情还是小事情，家长都应该认真倾听，站在孩子的角度去分析问题并做出相应的回应。不要敷衍了事或者嘲笑孩子，这样对孩子是非常不礼貌的，也是不尊重的。不但会伤到孩子的自尊心，而且会让他们感到更加委屈，严重的还会造成心理阴影。有的家长可能在孩子告状后不问青红皂白就去替孩子出头，这样会助长孩子告状的行为。所以，当孩子来告状时，家长要冷静下来，耐心地让孩子把事情的来龙去脉说清楚，以便了解事情的经过。如果孩子表达不清楚，可以采用提问的方式帮助孩子回忆事情的经过。了解清楚事情的经过之后再去做出相应的处理，而不是莽撞

行事。

家长如果因孩子而生气了，应该如何做呢？应该认识自己的缺点，反省自己生气的原因——是孩子真的做了什么错事，还是仅仅因为他们太小还不懂事？孩子是不是正在做家长小时候被绝对禁止做的事情，所以才导致家长生气？如果家长一时忍不住发了火，也不要逃避或者假装什么事情都没发生过，否则孩子就会像家长一样拒绝承认错误。家长应该向孩子道歉，让他们看到自己在努力改正。

了解孩子

一、依据年龄特点，精心选择内容

中班年龄段的孩子有意注意的时间还不长且不够稳定，容易受无关因素的干扰，因此我们必须根据孩子的年龄特点，为他们选择生动、有趣、健康、有意义的内容。例如，老师可以在晨间环节，利用十分钟左右的时间让孩子们说说自己看见的、听见的家里发生的有趣的事和新鲜事，而家长可以利用饭后或者睡前的时间让孩子讲讲在学校发生的事情等，这样的形式和内容极大地激发了孩子倾听的兴趣。参与交流的孩子为了能使自己讲述的事情感染、吸引别人，也会在收集信息的过程中更注重有意识、有目的地倾听。孩子在宽松、生动、有趣的情境中会乐意倾听他人、积极表达自己，从而获得语言表达与倾听习惯的同步发展。

二、优化培养方式，关注习惯养成

游戏是孩子最喜欢的活动形式，家长如果将倾听的要求渗透在有趣的游戏中，就将有助于有效地培养孩子的倾听习惯，如玩拷贝不走样、你做我们猜、看谁的耳朵灵等游戏。这些适合中班孩子的简单有趣的游戏，能自然地引起孩子的有意注意，使孩子实现自主倾听，使孩子在游戏的情境中乐于倾听别人、积极与人交往，体会到相互尊重和合作的重要性与快乐。幼儿园语言教学不能只重视对孩子进行语言知识的灌输，而应该更看重孩子语言能力的培养。中班孩子在经过小班系统的听力训练后，家长和老师应重点培养其口头语言表达能力。

三、肯定孩子进步，提供动手机会

在这个阶段，孩子通过不断练习来掌握各项生活技能，并在家长提醒后内化成自己的习惯。孩子掌握的生活技能越来越多，运用得也越来越熟练，这对孩子来说是非常重要的进步。家长要肯定孩子的进步，多给孩子自己动手的机会，让孩子学会生活自理并养成良好的生活习惯。

实施指南

一、给孩子树立良好榜样，潜移默化地培养孩子的良好习惯

① 家长要以身作则，处处给孩子良好的示范，比如见面打招呼，家长可以给孩子进行示范，早上见面说“早上好”。

② 家长要多和孩子讨论，比如对生活中遇到的事情，家长可以和孩子讨论，交流看法。

③ 创设良好的家庭环境，比如整理好家里的东西，为孩子营造良好的生活环境，鼓励孩子养成整理的习惯。

④ 家长要及时纠正自己的错误，比如家长在生气的时候说了脏话，过后要及时向孩子道歉并纠正错误。

二、家长要及时表扬孩子，注重情感的鼓励

① 表扬孩子的具体行为，比如孩子今天主动做家务，家长就要针对孩子具体的行为进行表扬。

② 表扬是发自内心的，要真诚地表扬孩子的具体行为。

③ 表扬要及时，要有一致性，孩子有好的表现时要马上表扬。

三、鼓励孩子参加家务劳动

① 家长要鼓励孩子多参与家务劳动。

② 用游戏的方式激发孩子参加家务劳动的兴趣。

③ 给孩子具体的家务劳动分工。

四、鼓励孩子自我服务

① 鼓励孩子独立地穿脱衣服、整理东西。穿脱衣服是这个阶段的孩子基本都能掌握的技能。不过，如果拉链或者扣子设计在后背部位，家长仍需提供帮助。此外，不管有无魔术贴，孩子都应该学会自己穿脱鞋。

② 鼓励孩子独立用餐、整理餐具。孩子已经能够比较熟练地用勺子舀粥、汤等食物，可以开始使用筷子。孩子使用普通的筷子时可能会遇到困难，此时可以使用专用的训练筷子。借助训练筷子，孩子可以熟练地夹起块状、条状的食物，不容易将饭菜撒在餐桌上或者地上。

③ 鼓励孩子独立如厕、清洗小衣物，形成清洁意识。这个阶段的孩子不仅能够独立上厕所，还会自己做清洁，同时应在家长的引导下养成便后洗手的习惯。

④ 鼓励孩子独立完成力所能及的事情。这个阶段的孩子能够自己刷牙，甚至没有家长的提醒和督促，也能够按时刷牙。有些孩子养成了进食后漱口的习惯。不过，家长仍应检查孩子的刷牙情况，必要时予以帮忙，以便孩子可以彻底清洁牙齿。

延伸拓展

一、推荐书目

1.《孩子，别玩手机了》（作者：[美]德沃拉·海特纳；出版单位：中信出版社）

推荐理由：这本书的作者是美国教育专家德沃拉·海特纳，她常年从事数字时代育儿方法的研究。德沃拉·海特纳介绍了触屏时代的7个教育关键，这7个教育关键既是对孩子玩电子设备的具体建议，又能促使家长深度思考，走出对电子设备的认识误区。

2.《成长型养育——用成长型思维，培养孩子未来核心竞争力》（作者：高寿岩；出版单位：中国妇女出版社）

推荐理由：这本书抓住了现代父母教育孩子的本质问题，通过科学的框架和维度，把传统的育儿知识做了重新梳理，启发父母用成长型思维看待孩子的成长。书中提炼的健康的亲子关系模型和孩子成长的7项关键能力，也将成为年轻父母教育孩子的重要指引。

3.《3～6岁儿童好习惯养成书》（作者：刘夏米；出版单位：古吴轩出版社）

推荐理由：《3～6岁儿童好习惯养成书》介绍了八个常见的孩子的良好习惯，结合大量的案例给父母提出具体的建议。

二、知识拓展

幼儿家务劳动能力培养表

9～24个月：可以给孩子一些简单易行的指示，如让孩子自己把脏的尿布放进垃圾桶里。

2～3岁：可以在父母请求帮助时帮忙拿东西，如帮助母亲拿挂在衣架上的衣服；还可以自己使用厕所，刷牙，浇花（父母给孩子足够的水），晚上睡觉前整理玩具。

3～4岁：更熟练地使用厕所；洗手；更仔细地刷牙；小心地浇花；整理玩具；喂宠物；到门口取报纸；帮助母亲铺床，如摆放枕头和铺开被子；饭后把盘子和碗放进厨房的水槽里；帮助母亲把叠好的干净衣服放进衣柜；把父母的脏衣服放进装脏衣服的篮子里。

4～5岁：不仅要掌握前几个阶段的家务，还要能够自己整理床铺；准备餐桌，如帮父母拿勺子、筷子和盘子；饭后把脏盘子放回厨房；把洗干净的衣服折叠好后放回衣柜；自己准备第二天要穿的衣服。

5～6岁：不仅要掌握前几个阶段的家务，还要帮助清理桌子；整理床铺，如帮妈妈清理脏床单，换上干净床单；准备好第二天要穿的衣服和鞋子，以及上学要用的各种物品；整理房间，如把乱放的东西摆放整齐。

6～7岁：不仅要掌握前几个阶段的家务，还要在父母的帮助下洗碗，独立打扫自己的房间。

评估改进

一、自我评估

1. 想鼓励孩子参与家务劳动，可以从哪些方面入手？

2. 想更多地表扬孩子，应该怎么做?

3. 如何鼓励孩子自我服务?

【评估参考】

1. ①家长要鼓励孩子参与劳动。②用游戏激发孩子参加家务劳动的兴趣。③给孩子具体的家务劳动分工。④不要吝啬对孩子的表扬。

2. ①表扬孩子的具体行为，比如今天孩子主动做家务，家长就要针对孩子具体的行为进行表扬。②表扬是发自内心的，要真诚地表扬孩子的具体行为。③表扬要及时，要有一致性，在孩子有好的表现时要马上表扬。

3. ①鼓励孩子独立地穿脱衣服、整理东西。穿脱衣服是这个阶段的孩子基本都能掌握的技能。不过，如果拉链或者扣子设计在后背部位，家长仍需提供帮助。此外，不管有无魔术贴，孩子都应该学会自己穿脱鞋。②鼓励孩子独立用餐、整理餐具。孩子已经能够比较熟练地用勺子舀粥、汤等食物，可以开始使用筷子。孩子虽然使用普通的筷子时会遇到困难，但使用专用的训练筷子吃饭已得心应手。借助训练筷子，孩子可以熟练地夹起块状、条状的食物，不会轻易将饭菜撒在餐桌上或者地上。③鼓励孩子独立如厕、清洗小衣物，形成清洁意识。这个阶段的孩子不仅能够独立上厕所，还会自己做清洁，并且在家长的引导下养成便后洗手的习惯。④鼓励孩子独立完成力所能及的事情。这个阶段的孩子能够自己刷牙，甚至没有家长的提醒和督促，也能够按时刷牙。有些孩子养成了进食后漱口的习惯。不过，家长仍应检查孩子的刷牙情况，必要时予以帮忙，以便孩子可以彻底清洁牙齿。

二、改进计划

如果以上的问题您还没有做得很好，请按照评估参考进行改进。

第三专题　情绪感受要识别

上中班后，孩子基本适应了幼儿园的生活，喜欢交朋友，但又时常因为游戏规则、材料使用等问题和小伙伴发生冲突，发现孩子很喜欢向大人告状，期待大人处理冲突，帮助自己达到目的。家长发现和孩子的亲子互动常常会遇到新问题，孩子不太听话了，很多时候会表示他们想要这样做、那样做，很喜欢按照自己的想法去做事情。他们在自己缺乏足够的能力而没有把事情做好时，或者在自己想要某样东西却没有及时获得时，会采用哭闹、回避或拒绝等方式，情绪阴晴不定。一旦家长忍受不住开始向孩子妥协，孩子过后会经常采用同样的方式来达到自己想要的目的，这时候家长再想讲道理也无法让孩子接受了，不少家长为此感到非常头痛。有的家长说 4 岁是孩子的叛逆期，真的是这样吗？其实中班的孩子动作发展水平明显提高，社会交往能力增强了，但由于经验和能力还有限，常常不能把事情做好，孩子为此很苦恼。如果家长能够关注和识别孩子的内心需要，包容和接纳孩子有时候表露出来的“坏脾气”，能够及时给予孩子足够的安全感，让孩子在与家长积极互动的过程中提高情绪调节能力，学会健康地表达自己情绪，有助于帮助孩子提高社会交往能力。我们一起来看看应该如何察觉、回应孩子的情绪，培养孩子的情绪识别和情绪表达能力，让孩子在与他人的交往中增强自尊、自信。

案例分析

案例一 家长太强势，孩子压抑情绪

健健爸爸认为男孩子比较调皮好动，要从小管束好，锻炼男孩子的能力，培养稳重的做事风格，将来才能成大事。健健爸爸对健健的要求比较严格，专门对健健提了些要求，比如做事情要按规矩，不能太闹，要管好自己的行为，不要随便表现出自己的情绪和心里的想法。健健爸爸还认为男孩子要体现出阳刚之气，从小就要培养坚强的意志，不能随便掉眼泪。健健爸爸常常和健健说："我们是男子汉，男子汉有泪不轻弹。"为了给健健树立榜样作用，健健爸爸在孩子面前通常比较严肃，很少表露自己的情绪。

在家里，健健爸爸每逢星期三、星期五都会召开家庭会议，要求健健把在幼儿园的表现告诉爸爸妈妈，大家一起讨论和点评。听到健健得到老师表扬时，健健爸爸会一边给予肯定，一边提出要求："还不错，继续努力！但是你也不能骄傲，你们班还有很多能干的小朋友，你要多向其他小朋友学习，不能被老师表扬一次就高兴得不得了，要想想别的小朋友有哪些优点，要像他们一样做得更好。"但是听到健健拍球还拍得不太好，或者集体活动中没有举手回答老师问题这些情况时，健健爸爸就会看着健健，表情严肃地让他反思为什么会这样，让他说说以后要怎么做。如果下次开家庭会议的时候再听到类似的情况，健健爸爸会批评孩子："说了几次你都记不住，一次表扬就骄傲了，这样怎么会有进步？你自己好好想想到底是因为什么变成这样。""这么简单的事情都做不好，你也太笨了吧，以后每天在家加强练习，多练几次不信你练不好。"要是被批评的健健表现出委屈、难过的样子，健健爸爸会更不高兴："说你一下就闹情绪，像什么话？大人还不能说你了，总是这么经不起批评，以后怎么当男子汉？自己做得不好，还好意思噘嘴巴。"在每次的家庭会议上健健爸爸都对健健开展教育和提出新的要求，肯定和鼓励的话语

比较少。有时候健健会悄悄问妈妈：“我是不是比较笨，不够能干？老是做不好事情，班里很多小朋友都比我厉害，爸爸老说他们能干。”

健健在幼儿园遇到一些难过、伤心的事情时，健健爸爸通常都会这样对健健说：“这有什么好难过的，过去了就算了，这么容易掉眼泪怎么当男子汉？”所以健健总是偷偷地告诉妈妈，只敢在妈妈面前表露自己的情绪，说出自己的心情和感受。健健爸爸和健健一块儿参加班上组织的户外亲子活动，健健和小朋友都主动地为小伙伴加油鼓劲，不管是哪个队赢了，大家都高兴地鼓掌，大声地欢呼，兴奋时还在草地上跑起来。健健爸爸看到孩子跑来跑去满头大汗的样子便皱起了眉头，他走过去拉住健健说：“健健，不能太闹，要有规矩，这样疯跑像什么话！”健健听了爸爸的话，情绪立刻低落下来，接下来再参加活动也没有积极为小伙伴加油的兴奋劲头了。看着小朋友快乐、自由地和同伴玩在一起，健健心里难过极了，但是又不敢和爸爸说。慢慢地，只要是在爸爸面前，健健做事情就会比较拘谨，眼光不自觉地留意爸爸的表情，会不自觉地收敛起自己的情绪，就像爸爸喜欢的那个小大人的样子，自然也和爸爸不太亲近，有什么话也不愿意和爸爸说。老师发现健健逐渐变得不太自信了，经常需要老师不断地鼓励他，给他肯定，他才会认可自己有足够的能力可以完成任务，意识到“我也可以做到”，尤其是当他在活动中遇到困难或表现得不太突出时，他常常会表露出焦虑，比较急躁地边说边做，很怕自己学得慢或做不好。

许多家长感受到当前社会上人才竞争的压力，总想着对孩子的教育要趁早，只有立好规矩，从小严格要求孩子，才能让他们今后有足够的资本在社会上立足，所以不少家庭中出现了类似“虎爸”“虎妈”的教养方式，但是这种教养方式是否符合孩子的身心发展规律呢？显然，很多家长并没有认真考虑过。

有的家长围绕自己心中的目标开始各种“鸡娃”行动，以自己认为良好的教育方式期望获得自己想要的结果，却忽略了孩子的情绪感受及能力水平，很少考虑这样的方式是否适合自己的孩子，自己的孩子是否正在被动地接受着他们不喜欢甚至讨厌的教育方式。许多家长沉浸在自己构建的优秀生培养的世界中，忘记了自己童年时的快乐生活体验，忘记了自己也曾经是一个一无所知、渴望父母耐心教导的孩子，自己也是在无数的磕磕绊绊和无数次出错中成长起来的。为了自己理想中的育儿目标，有的家长总是会不自觉地忽略孩子表现出的不耐烦、不安和不愿意，强势状态下的父母只关注对孩子行为的制止和纠正，却不在意自己的行为会引起孩子的消极情绪，所以我们时常在各种报道中看到一些家庭因教养方式不当导致孩子叛逆、行为极端化。

每个孩子都期望家庭是能够放松自我，无负担地袒露自己心声，能够感受包容、信任和无条件的爱的地方。如果家长对孩子的教育是严格的而非严厉的，对孩子的评价是客观的而非片面的，对孩子的引导是正面居多而非负面指责居多的，那么孩子就能在与父母的互动中不断吸收大人的经验，构建自己的经验体系，通过自己或在父母的帮助下发现自己的能力。孩子如果从小感受到父母全心的关爱，感受被认可、被信任，那么就能在生活中建立自信。

每个孩子的发展速度都不一样，优秀的孩子未必会从小就显露出极强的学习能力和表现能力。一味要求孩子无条件地接受父母对每件事情的要求，按照父母的要求和既定的步骤去做，孩子会因为自己的需求得不到重视和回应，自己的情绪情感得不到正常的宣泄而产生心理阴影，严重时甚至会出现心理问题。孩子年龄小，正处于运用自己的方式发现和探索事物的阶段，正如案例中的健健和小伙伴，他们在活动中为小伙伴加油鼓劲是一种合作能力和共情能力的表现，活动赢得第一时快乐得跑来跑去是表达胜利的喜悦的方式，这是他们最自然、最真实的情绪反应，也是正常、健康的情绪表达，这时候如果对孩子的言行加以限制，会影响孩子获得积极的情绪体验，影响他们发展情绪表达能力。

我们知道良好的亲子互动对孩子的全面发展是有益的，但是显然案例中健健爸爸和孩子的互动没有产生积极效应，健健看似归于平静的表现背后隐藏着大问题。孩子在情感和能力发展至关重要的敏感期，总是被家长以成人的标准来严格要求，孩子在无限吸收外界管束的同时无法判断这种方式是否正确，并且因为自己的看法和理解与父母存在较大的差异和矛盾，孩子的内心感到很困惑。在一次次地被家长否定后，孩子就会对自己的感受、情绪产生疑惑，慢慢地接受父母对自己的否定。同时因为不适应这种严格的教育，孩子很容易产生恐惧的心理，进而做出抗拒的举动，这样孩子怎么能毫无保留地向父母敞开心扉，毫不拒绝地接受父母的教导呢？长此以往，孩子的嘴巴关闭了、心灵关闭了，等于孩子关闭了与家庭良好沟通的大门，也关闭了自己快乐的心门。

不少家长习惯于内敛地表达自己的情绪情感，不愿意将自己的情绪表露在外，在亲子沟通的时候往往将这种习惯带到孩子面前，给孩子留下较为严肃的印象，缺少亲和力。而孩子的情绪具有易外露的特点，当遇到开心的事情，心情愉悦的时候，孩子会通过面部表情、语言和肢体动作等表现出来，看起来比较夸张。4～5岁的孩子进入情绪理解能力发展的关键期，他们开始能解释、预测、影响别人的情绪，基本能够区分情绪的外显行为和内心真实情绪。但孩子对别人情绪的理解还是有限的，往往是根据别人的面部表情、外部行为来认知别人的情绪，如果家长较少地在孩子面前表露情绪，那么孩子就会缺乏对较为复杂的情绪的感知和理解能力。

综合医学、心理学、教育学、社会学等多学科的研究成果，可以发现一个人的情绪状态不仅关系着他的身心健康，而且影响着他的认知潜能的发挥与人格的完善。情绪良好的孩子主动性高，乐于做事和与人交往，语言能力和交往能力都明显优于经常处于情绪状态不佳的孩子。在家庭教育中，家长过分地控制和干涉，沟通中更多地采用批评和负面评价，会对孩子的积极情绪体验和表达产生负面影响。消极的服从使孩子迫于压力情境做出消极的情绪回应，如哭泣等，但是健健又受到大人的制止，一句“男子汉有泪不轻弹”让他的情绪经常性地得不到成人的认同和接纳。父母对孩子情绪表达的控制过于严格，孩子的情绪就无法得到正常的宣泄，总是以一种隐忍的方式压抑自己的情绪，长此以往会导致孩子表现出较弱的情绪调节能力，容易产生较多的消极情绪，出现忧郁、自卑的心理，甚至出现行为问题。

案例二 情绪识别不及时，亲子关系受影响

彤彤是一个比较内向的女孩子，内心情感比较细腻。彤彤的爸爸妈妈上班都比较忙，平时都是阿姨接送和照顾孩子，彤彤希望爸爸妈妈能够早点下班回家陪她看图画书、搭积木，周末的时候带她去游乐场玩，

更希望妈妈能到幼儿园接她放学。因为陪伴孩子的时间比较少，彤彤妈妈抱着补偿的心理，总是尽可能地以她的方式满足彤彤，比如给孩子买许多玩具和时髦的衣服，带孩子去高档的酒店吃大餐等。她常常对彤彤说："你乖乖听爸爸妈妈的话，妈妈什么都买给你。"

彤彤妈妈感觉彤彤上中班后开始不太听话了，彤彤经常把在幼儿园做的手工、画的图画拿回家等爸爸妈妈回来看，有时候会弄到很晚才睡觉，爸爸妈妈叫她早点休息，彤彤却总不愿意。彤彤妈妈有时候和阿姨说："彤彤现在越来越倔了，有时候说她也不听。"一天晚上，彤彤的爸爸妈妈回到家时看见彤彤哭得很厉害，阿姨说下午放学时彤彤的画片被小朋友弄脏了，回来的路上她一直在哭，晚上也不愿意洗澡，拿着湿毛巾一直擦画片，结果不小心把画片扯烂了，怎么弄也弄不好，彤彤哭得更厉害了，阿姨哄了很久都没办法。彤彤妈妈拿起画片看了看，抱起彤彤说："彤彤乖，乖宝宝，不哭不哭，一张画片有什么好哭的。"彤彤哽咽着说："今天我做值日做得好，老师奖励给我的，可是被弄坏了，呜呜……"彤彤妈妈安慰她："我们明天上幼儿园再问老师要一张就行了。"彤彤说："明天不是我值日了。"彤彤爸爸在一旁对她说："别哭了，不就是一张画片吗？明天爸爸去给你买几张不同颜色的，比这张还漂亮。你还想要什么告诉爸爸，爸爸给你买，买好多好多东西。"彤彤一听又大哭起来："我不要你买，我就要这个！"彤彤爸爸一听这话就生气了："好了！都说了会给你买新的，你怎么讲不通呢？爸爸妈妈上了一天班已经很累了，你还哭个不停，怎么这么不听话。"彤彤听了哭得更伤心了，彤彤爸爸生气地大声斥责她，最后大家弄得很晚才睡觉。

第二天彤彤的精神状态很差，老师反映她上幼儿园时情绪很低落，一天都不爱说话，自己闷闷不乐地坐在位置上。彤彤的爸爸妈妈晚上把买回来的画片给彤彤，彤彤妈妈说："你看，妈妈特意去买了好多张不同颜色的画片给你，可漂亮了，你高兴吗？"彤彤没有接，她摇着头对妈妈说："我不要，我就要原来那个。"彤彤妈妈说："画片都买回来了，你这孩子怎么还生气啊，那个都坏了。"彤彤说："坏了我也要，我不喜欢这些。"彤彤爸爸又生气了："坏了你还要，买新的你还不喜欢，你讲不讲道理的？小孩子懂什么。"彤彤的眼泪涌了出来，对着爸爸喊："爸爸坏！"彤彤越哭越伤心，彤彤的爸爸妈妈既生气又无奈。老师发现了彤彤最近的情绪比较低落，在幼儿园参加活动时都不太积极，和彤彤妈妈电话沟通时，彤彤妈妈不以为意地把事情告诉了老师，还说：“彤彤这孩子比较内向，性格又很倔强，一点点小东西就闹了几天，她最听老师的话了，您帮我哄哄她。”

真的是孩子变得不听话了吗？家长心中听话、不吵闹的“乖孩子”的标准是否合适呢？案例中彤彤家长只是从成人的角度去理解“乖孩子”，却没有意识到孩子在一天天地长大，在认识生活周围环境和社会事物的过程中逐渐丰富了知识，增强了能力，孩子在各种体验中积累经验，形成了自己对接触到的人、事、物的看法和态度。4～5岁的孩子在逐步形成自我概念，常常表达自己的想法，有的时候会一直坚持自己的意见或要求他人认同自己的意见，面对不同情况时会比较明显地流露出自己的情绪情感，他们试图用各种方式证明自己长大了，是个“小大人”。

很多家长不了解孩子的身心发展规律，没有意识到孩子是独立的个体，当孩子说出自己的看法时不以为意，认为孩子没有什么经历能懂什么，因此常常会把自己的意见强加给孩子，甚至为了所谓的避免孩子走弯路，直接告诉孩子：你这么想是不对的，你应该这样做……当孩子不接受或是出现反抗行为时家长会认为孩子不听话、较真，爸爸妈妈这么好的建议都不愿意听，还坚持自己的看法。在情绪较为激动的情况下，家长可能会采用简单粗暴的制止方式，如提高音量表现出让孩子感到害怕的态度，或者强硬地要求孩子按照父母的要求去做，但是简单粗暴的制止方式反而会激化整件事情，导致家长和孩子都产生了生气、伤心等消极的情绪。

其实，孩子反常的情绪、反常的行为表现背后都是有原因的，孩子出现消极情绪并非故意为之，常常是因为他们还没有足够的能力正确地表达自己的情绪。更多的时候是因为家长不能准确地察觉孩子消极情绪背后的原因，总认为孩子还小、不懂事，没有认真去思考孩子行为的背后传递过来的求助信息，还坚持认为孩子是任性或固执，习惯以简单或粗暴的方式诱导或强迫孩子服从，来解决亲子之间的冲突或矛盾。家长要求孩子立刻转化消极情绪，实际上是家长没有察觉孩子的情感表达需要和感受被认同的需要，没有真正去了解和尊重孩子。在成人眼里毫不起眼的小纸片、糖果、印章画等，却是孩子心里最为珍贵的东西。当孩子珍惜的物品受损时，他们会感到难过或慌乱，想恢复原状却缺乏足够的能力，这时候他们的情绪波动很大，他们可能会以自己的方式来表达情绪，或哭闹，或喊叫，或独自待在一旁不理人。这些在成人眼里看起来不恰当甚至幼稚的行为都显现出孩子的心理需求，这是孩子在向成人传达他们缺乏安全感的信息。

从彤彤的行为表现看，她对父母有较多的依恋情感，尽管父母比较忙，没有太多的时间照顾她，但她依然会将自己做的手工等物品带回家给父母看，希望得到父母的认可和鼓励，在情感上她等待着父母多陪伴自己，与自己沟通。彤彤的父母因为工作关系没能有较多的时间陪伴孩子，在与彤彤沟通时又常常缺乏耐心。在“听我的没错”“不哭就没事了”这样的思想意识下，彤彤的爸爸妈妈往往会以较为简单的方式表面化地处理一些冲突或矛盾，想尽快地使彤彤变回他们心里那个不哭不闹、安静听话的乖孩子，并没有察觉孩子面对父母不理解、不接纳时的强烈内心需求，甚至忽略孩子行为反映出来的信息，只是单纯地认为把孩子哄停就好了。久而久之，孩子会感觉到父母对自己的应付，自己不是父母心中最重要的，内敛的孩子可能会因此而焦虑和不安。

4～5岁的孩子已经具备一定的情绪识别能力，但是对情绪的控制能力还不够强，这时候的孩子情绪具有易外露、易变化等特点，他们能够识别自己的情绪，也会意识到自己的消极情绪会引起父母态度和言行上的变化，但是由于自己的情绪得不到成人的理解和接纳，他们又不知道如何向父母清楚地表达自己的意思，只能是一味坚持自己的说法，并且因为家长对自己内心感受的否定，对自己悲伤的心情采取不以为意的态度，孩子转向与家长进行情绪、言语对抗。这时候，如果家长能敏锐地察觉到孩子的内心需求，对孩子发出来的情绪信号做出准确的判断，先以一种无条件接纳的态度来对待孩子的情绪，使孩子感受到父母的包容和接纳，体会到父母不会因为坏脾气而不爱自己，那么孩子的情绪会逐渐舒缓下来，能够在稍微冷静的状态下和家长交流沟通，获得基本的安全感。此时，父母再及时地、积极地回应，就能有效地帮助孩子注意情绪，尝试舒缓和调整不良情绪，在一次次的良好亲子互动中培养孩子的情绪调节能力。

对于案例中的彤彤来说，无论是立刻制止哭泣还是一味迁就或讲道理，都不是她当时最需要的，她最需要的是父母对她情绪反应的接纳，理解她因为操作不当擦坏画片时的焦急和不安，体谅和接纳她因为自己的行为弄坏老师给的奖励而引起的伤心情绪，认同她对画片的喜欢和认为画片不可替代的看法。在亲子互动中，家长要耐得住性子，要能够接受家里“坏脾气”的孩子，发现孩子出现消极情绪时先拥抱孩子，主动询问了解事情发生的原因，向孩子表示自己知道她的难过，在身体抚摸和言语安慰中取得孩子的信任，慢慢地引导孩子说出想法，而不是单纯依赖老师或其他人的帮助。家长积极地回应孩子表露出来的情绪信息，及时地给予关怀和疏导，有利于孩子情绪调节能力的发展。当父母的回应与孩子的内心情感是一致的时候，亲子间的情感交流就会增强，孩子就会愿意接受并尝试调节自己的情绪，反之则会刺激孩子采取更极端的宣泄方式，导致情绪不受自己的控制。这样的亲子互动不利于孩子情绪识别能力和调节能力的发展，长此以往容易导致孩子表现出积极情绪少，消极情绪多的问题。

案例三　亲子互动良好，孩子情绪健康

霖霖是个活泼开朗的孩子，常常主动地照顾小朋友，他在班上有不少的好朋友。在和大家交往的时候，霖霖会敏感地察觉到小伙伴的不良情绪，会安慰同伴：“老是搭不好积木，你是不是觉得有点难过？如果是的话你可以先不玩这个，或者我来帮助你好吗？”遇到问题或困难时，他会主动说：“让我们来想一想，一定会有办法解决的。”他常常做出体贴的举动，老师们都夸霖霖是个小“暖男”。

霖霖一家人时常坐在一起聊天，说说遇到了什么开心或不开心的事情，交流对生活中发生的事情的看法。霖霖的爸爸妈妈经常会和霖霖分享自己在工作中的开心和不开心，和霖霖说说自己遇到的事情，当时是什么样的心情。霖霖也会把在幼儿园发生的事情告诉爸爸妈妈。当他遇到自己认为特别生气和难过的事情时，他会赌气地说：“我再也不想和他玩了。”这时候，霖霖的爸爸妈妈会和霖霖慢慢分析，使霖霖知道每

个人都有自己的想法和做法，遇到问题的时候要大胆地说出自己的想法，也要学会接受小朋友提出的好办法，慢慢地和小朋友商量才能更好地解决问题。久而久之，霖霖开始接受小朋友不同的想法，有时候他对爸爸妈妈说：“我明天看到他先和他说对不起，再说我是怎么想的，也听听他有什么办法，这样我们俩都不生气了。”

霖霖爸爸在工作中遇到开心的事情，有时会带着霖霖妈妈和霖霖到外面简单地吃一顿，表现出自己愉悦的情绪感受。霖霖妈妈感到不开心的时候会向霖霖爸爸和霖霖“吐苦水”，说出自己烦恼的事情，有时还会“撒撒娇”。这时候，霖霖爸爸和霖霖就是大男子汉和小男子汉的角色，倾听霖霖妈妈的诉说，还会给霖霖妈妈出些主意，霖霖会安慰妈妈：“妈妈，别难过，我唱首好听的歌给你听，你听了心情就会好些了。”有时候，霖霖看到妈妈回家后疲惫的样子，会主动给妈妈捶背、捏肩，还会给妈妈倒杯温水。霖霖妈妈得到了安慰，对霖霖爸爸和霖霖说：“把心里不开心的事情说给你们听，我就没有那么难过了。”看见妈妈笑了，霖霖也开心地笑了。

霖霖的爸爸妈妈除了会在霖霖面前自然地表露自己的情绪情感，还常常和霖霖商量家里的事情，让霖霖也出主意，即便霖霖的办法不太现实，霖霖的爸爸妈妈也不会随意否定他或不听他讲。虽然霖霖还小，但是家里有什么重要的事情或是需要做决定的时候，霖霖的爸爸妈妈都会告诉霖霖，也会听听霖霖的看法，有时候会采纳孩子的建议，比如家里要换些物件的时候，会让霖霖参与挑选，买些孩子喜欢的餐具，装上一盏孩子喜欢的灯，这时候霖霖会感到很满足，感觉自己是个小大人，爸爸妈妈会听自己的话。

霖霖的爸爸妈妈也注意照顾霖霖的情绪，当霖霖看到黑乎乎的动物感到害怕时，霖霖爸爸会拉着霖霖的手说：“霖霖不怕，爸爸在你旁边呢。”有时候霖霖遇到事情感到难过或者烦恼的时候，霖霖妈妈会问他：“霖霖，你希望妈妈帮助你吗？需要妈妈给你个拥抱吗？”霖霖的情绪和感受及时得到了爸爸妈妈的回应，在爸爸妈妈的安慰下，霖霖的情绪就比较容易得到舒缓，所以他平时会积极做事情、主动学习，遇到小伙伴有负面情绪时也会安慰他们。

霖霖的爸爸妈妈还注重培养孩子的动手能力，让孩子在做事的过程中获得成就感。从小霖霖的爸爸妈妈就会让霖霖做力所能及的事情，有时候让他帮妈妈把衣服放进衣柜里，有时候让他帮忙把择出去的菜叶丢进垃圾桶里。霖霖的爸爸妈妈不会只关注事情的结果，更多的时候是鼓励霖霖努力完成任务，虽然霖霖有时候不能把事情做得很完美，比如丢菜叶的时候掉了一片在地上，或者倒水时把水洒在了桌子上，但是霖霖妈妈不会急于纠正他的行为或直接说他做得不好，而是当霖霖去捡起菜叶或拿纸巾擦干水的时候肯定他的表现；如果霖霖忘记做这些事，霖霖妈妈也不会当场指出，以免让霖霖感觉做得不够好，影响自信心。

霖霖 4 岁以后，霖霖爸爸开始注意培养霖霖的延迟满足能力，比如吃饭的时候先给奶奶夹块鸡腿肉，说“让老人先吃”；吃苹果的时候先拿一个给妈妈，说“妈妈做饭辛苦了，吃个大苹果”。霖霖妈妈和霖霖定了每个星期日是零食分享日，霖霖妈妈会提前两三天买一些霖霖喜欢的食物放在家里，和霖霖约定好要等到星期日再一起分享好吃的食物，然后观察霖霖的行为，如果霖霖能够坚持到分享日，霖霖妈妈就会表扬他，让他优先选择自己喜欢的食物。在外面游玩时，霖霖妈妈会和霖霖商量费用使用计划，碰到霖霖什么都想买的情况，霖霖妈妈会和霖霖讨论想购买每样物品的理由，然后让霖霖自己根据可以花费的金额数决定最想要买的物品，这时候霖霖就要学着控制自己的欲望，合理地支配金钱来满足自己的需要。

中班的孩子具有较强的学习能力，他们的情绪理解能力和表达能力都是在和他人交往的过程中习得的，许多研究证实，人具有先天的情绪机制，婴儿时期就会自发地表现出对事物的喜欢和讨厌，伴随着孩子年龄的增长，经验的丰富，在外在事物的刺激和诱发下，他们逐渐习得更多较复杂的情绪反应并在各类生活事件中展示出来。

《3 ～ 6 岁儿童学习与发展指南》提出：“家庭、幼儿园和社会应共同努力，为幼儿创设温暖、关爱、平等的家庭和集体生活氛围，建立良好的亲子关系、师生关系和同伴关系，让幼儿在积极健康的人际关系中获得安全感和信任感，发展自信和自尊，在良好的社会环境及文化的熏陶中学会遵守规则，形成基本的认同感和归属感。”家庭教养方式对孩子的发展起着潜移默化的教育作用，孩子的情绪情感发展易受到父母的影响，家庭教养方式是否正确对孩子能否正确表达自己的情绪、能否理解他人的情绪有着直接的影响。

成长在能自由地表达情绪的家庭里的孩子能够更好地了解自己的情绪。孩子如果在生活中能够自由地表达情绪，向父母寻求关注和安慰，那么他将更可能理解他人的情绪感受，在遇到情绪事件的时候也能做出积极回应。

案例中霖霖的父母正是认识到了家庭教养方式和父母日常举动会对孩子情绪情感发展产生潜移默化的影响作用，所以在家庭教育中他们会主动地在孩子面前表露自己的情绪，让孩子意识到每个人在不同情况下都有可能产生积极或消极情绪，这是正常现象，只要能够科学地排解消极情绪，不影响学习和生活，即使发发小脾气也没关系。此外，在和父母互动的过程中，霖霖认识到可以自然地表露自己的情绪，他体会到不同的情绪状态会对家人和朋友产生影响。同时，他学习了向父母倾诉、共同分享情绪感受等舒缓情绪的方式，也感受到父母的理解和包容能帮助自己更好地平复心情，这种良好的体验促使霖霖在与他人交往的过程中不自觉地代入这种方式，帮助自己和同伴处理好情绪问题，使得霖霖识别和理解他人情绪、科学表达和控制情绪的能力越来越强。

4～5岁是孩子发展延迟满足能力的关键期。延迟满足能力是一种自我控制能力，延迟满足能力强的人甘愿为更有价值的长远结果而放弃即时的满足。培养孩子的延迟满足能力就是培养孩子在诱惑面前克制自己，在战胜困难时获得自信的重要能力。这时候培养孩子的自我控制能力，有利于提升孩子的情绪认知水平，让孩子学会合理地调节自己的情绪，运用健康的方式舒缓和表达自己的情绪。

培养延迟满足能力不是随意而为，在家庭培养中家长要注意不能过度延长时间，等待的时间拉得过长会影响孩子期待满足的心情和对父母的信任。家长应该注意不要忽视孩子的合理要求，预设过多困难使孩子的合理要求没有办法正常地得到满足，反而会挫伤孩子的情感，产生负面效应。家长还要注意延迟时间不能过短，当孩子因需求无法得到及时满足而产生急躁情绪或吵闹时，父母立马放弃延时满足会让孩子感觉现在的忍耐是不值得的，让孩子觉得不应该继续坚持，这样做反而会弱化延迟满足能力培养的效果，让孩子无法真正学会自我控制。

培养孩子的延迟满足能力需要父母恰当地拒绝孩子的不合理要求，既要让孩子明白道理，又要使孩子愿意自觉地遵守规则和约定，生活中及时、巧妙地引导与教育是非常必要的。

家长对孩子的尊重与信任，能够培养孩子正确认识自我的能力，掌握正确的交往技能，增强自信。孩子虽然年纪小，但是对家里的事情也有发言权，能用自己的方式、以自己的能力帮助和安慰父母，父母不应该因为孩子年纪小、生活经验少而不尊重孩子，不把孩子的话当一回事，或者总是占据主导地位，对孩子采用迫使他服从的教育方式。尊重孩子的家长会尽可能地在各种事件中考虑孩子的感受，帮助孩子意识到自己是家中的一员，采用多种方式帮助孩子建立自尊、自信。

案例中的霖霖时刻感受到父母对自己无条件的爱和耐心教导，家就是霖霖心里最值得依赖的安全基地，霖霖能够毫不担心地在父母面前表露他的情绪，说出他的感受，父母不会因为他行为优劣或情绪好坏而改变对他的关爱，霖霖在家庭中获得了最基本的安全感，这为他良好个性的发展奠定了基础。正如《3～6岁儿童学习与发展指南》提到的“幼儿在与成人和同伴交往的过程中，不仅学习如何与人友好相处，也在学习如何看待自己、对待他人，不断发展适应社会生活的能力”。父母积极地回应孩子发出的情绪信息，及时地给予关怀和疏导，有利于孩子情绪调节能力的发展，在父母潜移默化的榜样作用下，孩子获得更多自我成长的空间，共情能力也得到提高。

了解孩子

上中班后，孩子交往的范围扩大，与同伴之间的交往和互动增多，交往能力得到发展，围绕活动以及活动规则的情绪表达也随之增强。孩子既结交了朋友，又在社会交往中逐步形成了自我意识。孩子在各种体验活动中对自己的能力有了新的了解与认识，他们对自己越来越有信心，认为自己有办法、有能力做好事情，他们主动尝试做各种事情来证明自己的能力，时常会要求同伴或父母依照他们的要求做事情。但同时，孩子各自有自己的想法，并且总是希望事情按照自己的想法和要求进行，因此孩子们相处时常常因为活动规则、玩法等问题产生矛盾，彼此之间希望以自己的要求为执行准则，强调自己的意见和主张，但交往时又由于语言表达能力有限，在与同伴沟通时不能准确地表达清楚自己的意思。他们在还不知道如何恰当地解决冲突的时候，可能会将骂人或打人等攻击性行为作为解决方式，寄希望于“说不赢就打赢，谁厉害听谁的”。因此，家长可能会时常听到老师或其他父母的告状。这些都是孩子在成长过程中会出现的问题，并非涉及原则性的人格问题。对于这样的情况，家长要正确地认识并且不必过于担心，因为孩子的社会交往能力、言语表达能力及情绪情感正在发展中，他们可以向父母描述发生了什么事情，他们对这些事情产生了怎样的感受，但是他们还不能很好地分析出自己为什么会这么做或别人为什么会那样做。与他人发生冲突是孩子成长过程中正常的一部分，发生冲突也是孩子学习的一个过程，家长不必着急地因为孩子之间发生了冲突，就或尽力避免孩子之间的交往，或给孩子提出许多要求，或随意给孩子贴上各种负面“标签”。

中班的孩子时常要求父母对他们的言行给予肯定，有时候他们如果得不到肯定就会大发雷霆，这是因为孩子的生活经验还比较少，他们的情绪带有比较明显的易变性，容易被外界事物的变化所影响，常常会将自己的情绪表露在外。4 岁是孩子发展延迟满足能力的关键期，这个时候适当地引导孩子主动地转移自己的注意力，能够坚持做到在规定的时间内等待自己渴望或需要的东西，在父母合理拒绝的情况下主动进行自我调节，控制自己的欲望并耐心等待，有助于培养孩子良好的自我调节能力；孩子通过自我控制达到自己想要的目标，对自己的能力有了新的认识，更加信任自己，也有助于增强孩子对自己的自信心。

进入中班后，孩子的情绪理解发展进入关键期，能力强的孩子能够认识到他人在情绪、愿望、动机等心理状态上与自己的不同，能够理解他人的情绪，在和小伙伴、成人积极交往时进行良好的互动。研究发现，孩子对高兴的表情图片的识别能力高于对伤心、愤怒和害怕的表情图片的识别能力，其中，最难识别害怕的表情图片，由此可以得出结论：孩子对积极情绪的识别能力高于对消极情绪的识别能力。

孩子开始学习根据别人的面部表情、外部行为来认识别人的情绪，比如看图画书时在父母的引导下边看边讨论图画书中的人物和事件，猜测人物当时的感受和心情，并说出产生情绪的原因；又如父母结合在生活中发生的事件和孩子进行讨论，询问孩子对事件的看法，学习站在他人的角度去思考他人的感受和情绪。孩子在各种体验和讨论活动中学习理解他人的外显行为和内心真实想法的关系，在这个过程中孩子需要克服认识上的自我中心主义，慢慢地能够站在他人的角度看待问题，初步具备一定程度的识别情绪伪装的能力，不断地丰富表达情绪的词汇，但孩子在准确判断他人的观点方面仍然存在较大的困难，这也是孩子在与小伙伴或成人相处的过程中时常产生矛盾的原因。

随着语言能力的提高，孩子学会了更多表达情绪的词语，他们在社会生活中经常运用这些词语描述自己和别人的情绪体验，学习使用词汇来区分和标志包括高兴、伤心、生气、兴奋、害怕等情绪。当听到父母或他人使用其他表达情绪的词汇时，他们会积极学习，扩展自己进行自我表达的词汇，能力强的孩子还能够描述出图画书中人物的复杂情绪，如既高兴又难过，并且对自己和他人的情绪体验做出简单的解释，开始能够根据别人的情绪表现来调整自己的行为或进行言语交流等，说明他们的情绪理解能力在迅速地提高和发展。

情绪管理的内容主要包括了解自己的情绪、调节自己的情绪、关注他人的情绪、协调与他人情绪之间的关系、激励自我奔向目标。孩子在模仿、学习、运用的过程中培养和发展情绪管理能力与表达能力，但他们容易受到环境、他人行为以及他人对自己评价的影响。因此，尽管孩子已经初步具备用语言表达情绪情感以及进行情绪自我管理的能力，但仍需要良好的生活环境的熏陶和正确的教育引导，才能真正地形成较强的情绪管理能力。

《3～6岁儿童学习与发展指南》提出："幼儿的社会性主要是在日常生活和游戏中通过观察和模仿潜移默化地发展起来的。成人应注重自己言行的榜样作用，避免简单生硬的说教。"在家庭生活中，父母自由地、正确地表达自己的喜怒哀乐，较少出现情绪阴晴不定的情况，以身作则地在孩子面前展现恰当的表达情感和宣泄情绪的方式，能够帮助孩子在生活情境中识别更多复杂的情绪，与父母之间形成安全的依恋关系。如果父母面对孩子时较少表露情绪，孩子会缺少对较复杂情绪认识与理解的机会，并且对父母在事件中的态度和情绪感到困惑，不明白父母对于事件是何态度。此外，较为强势的家庭教养态度和方式，也会让孩子对自己的情绪和感受产生不确定性。

孩子需要一个自己可依赖的成长环境，需要在积极、友好的家庭氛围中感受和体验与父母的相处，构建自己对表达情感和宣泄情绪的经验体系，这样他们才能够根据经验去认识世界，才可能把这个世界视为一个友好热情、令人信任和安心的地方。

孩子的情绪发展还不够稳定，时常出现情绪多变的情况，需要父母敏锐地察觉他们微妙的情绪变化，需要成人理解他们的情绪，支持和帮助他们大胆地体验各种情绪，对周围环境中的情绪情境线索进行积极的探究，才能够不断地提高他们的情绪理解能力。

父母对孩子情绪感受的积极的支持性反应方式能够让孩子形成安全感，父母应包容和接纳孩子的不同情绪，当孩子体验到消极情绪时，父母要给予肯定和支持。比如当孩子因听神怪故事而感到害怕时，妈妈发现了并马上抱抱孩子，用行动证明自己理解孩子的感受；当孩子生病不想吃苦的药片时，父母可以安慰他："生病了感到很难受是吗？药有点苦，不太好吃，但是吃药了才能够快点好起来，病好了就不用吃药了。"父母及时地回应，有助于孩子管理自己的负面情绪，成功地应对困难的情境。久而久之，父母会发现孩子能够听懂道理了，不再总是和父母"对着干"或者总是讲不通。

对于孩子的努力和变化，家长要多给予陪伴和鼓励。当孩子在积木游戏中较长时间仍未能成功地搭好建筑时，孩子心里很难过，把积木推倒，嘴里嘟囔着："我不搭了。"这时父母可以安慰孩子："你遇到困难了吗？和爸爸妈妈说一说，我们看看能不能解决。你如果现在暂时不想搭积木了，那么可以做些别的事情，你需要爸爸妈妈的帮助就告诉我们。"孩子向父母表达出消极情绪时，父母教导和帮助孩子解决问题，有助于促进孩子管理消极情绪、表达消极情绪的技能的发展。有的家长并不认为孩子的哭闹是什么了不得的事情，看到孩子的消极情绪在时间中自然地消退，就认为孩子没事了，哭完了就好了。其实当孩子得不到成人的理解和接纳的时候，他们尽管不再哭泣，但依然保留着消极的态度和看法，多次体验之后，孩子在面对事件时就会习惯于消极地看待问题和事情，习惯于采取消极的策略来处理问题和事情，这会对孩子的个性发展、社会交往关系及生活质量产生负面影响。

良好的情绪理解能力能够帮助孩子建立积极的同伴关系，情绪理解能力强的孩子大多能够比较准确地判断他人的情绪状态，在同伴冲突情境中能够主动地使用建设性策略来进行情绪调节，具有较高的同伴接纳程度。孩子的情绪理解能力越强，与同伴的交流就越多，越有可能对同伴表现出亲近行为。

父母与孩子讨论情绪、分析所处情境，能够帮助孩子进行“认知重建”，可以参考《3～6岁儿童学习与发展指南》社会领域内容中的教育建议对孩子进行引导。比如“幼儿有争抢玩具等不友好行为时，引导他们想想‘假如你是那个小朋友，你有什么感受？’让幼儿学习理解别人的想法和感受”。又如妈妈要回老家看望生病的外婆，孩子希望妈妈在家陪自己，妈妈可以引导孩子：“你生病的时候很难受，总想要妈妈陪着你，抱抱你，现在外婆生病了也会很难受，妈妈是外婆的女儿，外婆生病时也希望妈妈去陪陪她，这样外婆就会快点好起来。”

家长适时结合生活情境引导孩子重新整理对人和事的理解，从更积极的角度去看待和分析各种情况，能使孩子逐渐学会站在他人的角度去思考，从而调整自己的认识，改变自己的行为和表现，做出行动之前会考虑他人的想法与感受。在家庭中获得积极的互动体验，习得对情绪的正确理解方式之后，孩子会把这种体验和理解方式应用到社会互动中，比如愿意倾听同伴的表达，能够觉察同伴的感受和情绪，理解同伴并进行较为积极的互动，安慰或陪伴同伴，那么孩子的社会交往能力会越来越强，容易与同伴合作解决冲突，与同伴和他人建立友好的关系，从而受到老师和小伙伴的欢迎，这有助于促进孩子的社会性发展和良好个性发展。

4～5岁的孩子社会生活经验还不足，对自己的评价更多是参考父母或老师的评价，因此，成人如何对待孩子会影响孩子如何看待自身。《3～6岁儿童学习与发展指南》在社会领域目标3“具有自尊、自信、自主的表现”提出4～5岁幼儿的发展目标是“能按自己的想法进行游戏或其他活动”，“知道自己的一些优点和长处，并对此感到满意”，同时提出教育建议：“能以平等的态度对待幼儿，使幼儿切实感受到自己被尊重。”“与幼儿有关的事情要征求他的意见，即使他的意见与成人不同，也要认真倾听，接受他的合理要求。”孩子们需要足够的时间在亲身体验和实际操作的过程中不断地重复行动，积累自己的经验，发展自己的能力。家长要理解孩子的学习方式和特点，给他们足够的操作和探索的时间，因为有时候成人对孩子的某一不恰当行为进行批评和责怪时，孩子可能会因为成人的态度和行为产生消极情绪，因此，即使孩子完成的任务达不到成人的标准，家长与其批评或纠正他们，倒不如鼓励孩子在积累经验中发展能力，帮助孩子建立自尊、自信。

除了认知需求，孩子还有自己的情感需求，父母应该支持孩子像关注身体需求一样关注情感需求，比如情绪不佳时可以抱着能带来安全感的、熟悉的物品，晚上入睡前依偎在妈妈身边听妈妈讲故事，然后再入睡。在合理需求不断被满足的情况下，孩子渐渐能够独立地进行交流并且满足情感需求，学会关注自己身体和心灵上的需求。

孩子内在的情感状态影响着他们外在的社会性自我，在家庭生活中积累的交往经验决定着他们在整个学生阶段甚至整个人生过程中对待学习的态度和处理人际关系时采用的方式。早期教育研究者莉莲·卡茨和戴安·麦克莱伦说：“社交能力强的幼儿是那些与成人和同龄人积极建立起良好交往关系并积极参与成人及同伴间各种活动的儿童，并且他们通过这些交往进一步提升自身的能力。”《3～6岁儿童学习与发展指南》社会领域的相关部分特别提出要结合具体情境，引导幼儿换位思考，学习理解别人，例如“结合实际情境，提醒幼儿注意别人的情绪，了解他们的需要，给予适当的关心和帮助”。生活中，孩子需要父母多与自己交流，倾听自己的诉说；需要父母多陪伴自己，在自己有需要的时候给予一定的帮助和支持；需要父母多带自己一起玩耍，提供难度适当的游戏和玩具；需要成人的引导，帮助自己学会转移注意力，运用科学的方式调节自己的情绪，转而主动地投入其他活动中。这种良好的体验能够伴随着孩子在家庭之外的社会活动中表现出来，孩子会在与同伴交往的过程中同样运用积极的方式增强良性互动，提高在同伴中的受欢迎度，帮助孩子获得情绪情感和社会性的良好发展。

实施指南

一、在家庭中创设良好的支持性情感氛围

家长应该以身作则，正确地表达自己的情绪，还应该试着管住手脚和嘴巴，倾听和帮助孩子确认情绪，理解和接纳孩子各种情绪的表达，让孩子感到可以自由地表达情绪，鼓励孩子表达情绪并谈论产生情绪的原因。孩子通过表达情绪并得到认可来平复情绪，并且获得一种平衡感。家长应该结合阅读活动和生活情境，和孩子谈论不同事件或故事中人物角色的感受，站在他人的角度思考并理解人物角色的情绪，帮助孩子掌握了解、识别和恰当表达各种情绪的能力。

二、给孩子自己做决定的机会

家长要为孩子提供足够的活动时间和表现机会，让孩子自己做事情，满足孩子自己计划和做事的愿望，帮助孩子实现他们为“成功”设定的而非为成人标准设定的目标，这样孩子更多的时间、精力就会用在自己做决定和做事情上。同时家长要不断地学习控制住自己上前指导或急于纠正孩子的行为，让孩子在操作过程中体验成功，体验关注身体需求和情感需求的满足感，感受情感的变化，锻炼情绪的表达。

三、在敏锐察觉和及时回应中建立孩子的安全感

家长要多关注和察觉孩子的情绪并及时回应，帮助孩子获得安全感。家长平时应多关注孩子的面部表情、肢体动作、言语表达表现出来的情绪变化。发现孩子不明来由地生气或伤心时，可以蹲下身子看着孩子或拥抱孩子，用真诚的态度和平和的语气询问和了解孩子遇到了什么事情，认真倾听并帮助孩子分析原因，鼓励孩子用语言说出自己的感受

和情绪。家长也可以先无条件地接纳孩子的“坏脾气”，让孩子感受到父母无条件的爱，获得安全感，再结合事件中的情境引导孩子了解情绪。家长在与孩子交流时既要控制自己的情绪，在孩子面前树立积极情绪的榜样，又要学习站在孩子的角度思考，让孩子感受自己的真诚与耐心。面对孩子不合理的要求时先接纳孩子的愤怒情绪，再采取商量沟通的策略，待孩子平静时再一起解决问题。

四、在生活中引导孩子正确地表达情绪

家长应该结合生活情境丰富孩子表达情绪的词汇，在孩子情绪平和时引导和鼓励他运用语言表达情绪，学习根据他人的言语判断他人的情绪。除了使用语言，家长还可以引导孩子通过玩角色扮演游戏、讲故事、绘画、运动等方式来表达情绪，让孩子在扮演角色的过程中把自己的经历表演出来，或者用讲故事的形式表述出来，让孩子练习识别和表达情绪情感，支持孩子用不同的方式宣泄情绪。积极正确的情绪表达方式能够让孩子对人生形成积极的期望，同时为孩子提供更多与成人和同伴交往的机会，家长应该鼓励孩子在与他人的交往和互动中不断练习巩固情绪表达技巧，推动孩子社会性的发展。

延伸拓展

一、推荐书目

>> 《我的情绪管理图画书》（作者：［新西兰］特蕾西·莫洛尼；出版单位：南京大学出版社）

推荐理由：这套书分别从正面情绪、负面情绪、友情、亲情四个方面，以贴近孩子生活的角度讲述了暖暖兔在成长过程中与朋友和家人们发生的一个个故事，让孩子了解不同的情绪和感受。在阅读的时候家长可以多和孩子讨论，比如妈妈可以问孩子：“暖暖兔没有做坏事却被冤

枉了，它会有什么感受？为什么？”引导孩子代入角色，学习站在他人的角度思考问题。妈妈可以接着问孩子：“如果是你遇到这样的情况，你会怎么样，会怎么做呢？”帮助孩子知道可以运用多种方式正确地表达情绪，运用合适的方法解决问题。

二、视频推荐

>>《头脑特工队》（导演：彼特·道格特；发行单位：华特·迪士尼公司、皮克斯动画工作室）

推荐理由：这部电影展现并解读了小女孩莱莉在搬家后因为生活发生变化而产生的各种情绪。电影中各种情绪的形象都和情绪的特征很贴近，家长可以引导孩子通过观察各种情绪的颜色、表情、发型等外部特征，以及声音、动作等来识别不同的情绪，还可以和孩子讨论各种情绪之间发生的事情，比如乐乐担心忧忧会捣乱，阻止忧忧的行动，但是忧忧却能让莱莉冷静思考，最后还帮助乐乐重建了岛屿。家长可以结合电影情节帮助孩子认识到不同的情绪会让自己做出不同的行动，在这个过程中帮助孩子学会正视各种情绪，比如害怕其实是一种自我保护本能，提醒人们留意有危险的地方或物品。

三、其他推荐

家长可以和孩子玩表情游戏，由一方说出一种情绪，另一方做出该表情，并且描述出相应的表情词汇，或者是由一方做动作或做出表情，另一方运用情绪词汇描述出相应的情绪。

家长可以和孩子玩角色扮演游戏，让孩子选择角色进行扮演，表演所选角色正在做的事情，结合游戏情境自然地表现出人物的心情和感受。家长应该多鼓励孩子根据故事进行表演，或者边创编故事边表演，通过表现人物的动作和表情，帮助孩子在游戏情境中体验不同事件下产生的情绪。

家长可以鼓励孩子讲述自己的故事或创编故事，将自己的经历通过故事反映出来。家长帮助孩子写下其想说的话或具体的情节，让孩子讲述情感激烈的故事情节。由于这些体验是讲故事之前发生的，孩子的情绪已经平复下来了，这时候再表达时孩子能够感受到自己可以掌握这些情绪情感，从而愿意尝试去调节情绪。

家长可以多和孩子聊聊天，分享彼此的经验、感受和想法；共同欣赏音乐和绘画作品，在艺术作品的感染下和孩子一起尝试平复情绪；也可以和孩子一起唱歌、画画，通过其他活动转移注意力，放松情绪。

家长可以多和孩子到户外活动，比如骑自行车、慢跑等，主动和孩子交流户外活动后身体的感受以及情绪缓解后的效果，可以告诉孩子："打球真好，可以锻炼身体，又不用老是想那些不开心的事情，现在爸爸的心里舒服多了，出了一身汗，感觉难过的情绪都不见了。"也可以和孩子玩揪尾巴、老鹰捉小鸡等游戏，输了的学小猪叫，或做个指定的动作，把小小的失败付之一笑，不断地帮助孩子运用不同的方式放松心情、缓解情绪。

评估改进

一、自我评估

亲爱的家长，您好！请根据您在日常生活中的实际情况在下列题目中做出选择。

1. 您在工作中遇到困难或取得成绩时，会把自己的心情和孩子分享并进行讨论吗？（　　）

A. 经常会　　B. 有时会　　C. 偶尔会　　D. 不会

2. 您会因为心情的好坏改变对孩子的态度吗？比如心情好的时候和颜悦色地和孩子说话，随便满足孩子的要求，心情差的时候不理会孩子或粗暴地回应孩子，甚至大声批评孩子的行为。（　　）

A. 不会　　B. 偶尔会　　C. 有时会　　D. 经常会

3. 生活中您会及时察觉孩子的情绪变化吗？（　　）

A. 很容易察觉

B. 有时候会察觉

C. 比较难，有时候听到孩子描述才发现

D. 孩子的情绪经常变来变去，很正常的

4. 日常生活中当孩子与您分享他成功搭好的积木，表现出兴奋时，您会如何回应？（　　）

A. 和孩子一起欢呼，鼓励孩子用语言描述自己的情绪，和孩子聊聊兴奋的原因

B. 微笑着回应孩子并简单询问几句

C. 没有太多感觉，随便回应表示自己知道了

D. 认为自己孩子的能力完全可以胜任这件事情，没什么值得高兴的，对孩子提出更高的要求

5. 通常您会如何看待和处理孩子叫喊、扔东西、大声哭泣等消极行为？（　　）

A. 接受孩子的愤怒情绪，轻声询问原因，或待孩子情绪平静后再与孩子交谈并解决问题

B. 试着和孩子沟通并让他停止哭泣

C. 孩子这么闹可不行，答应孩子的要求，赶紧把孩子哄停

D. 孩子发完脾气就会没事了，不处理

【评估参考】

得分说明：作答时选择 A 得 2 分，选择 B 得 1.5 分，选择 C 得 1 分，选择 D 得 0.5 分。

得分分析：

①总得分 8 ～ 10 分的家长能够尊重孩子，平等地与孩子相处，经常能够进行良好的亲子互动，日常中注重正确地表达自己的情绪，在孩子面前发挥榜样的示范作用；愿意蹲下身子倾听孩子的表达，注意察觉孩子的情绪变化，较好地接纳孩子的不同情绪，愿意包容和理解孩子的

感受；运用多种方法与孩子沟通，帮助孩子培养良好的情绪理解能力和表达能力，建立自尊、自信，增强孩子的社会交往能力。

②总得分 5.5 ～ 7.5 分的家长比较能够尊重孩子，能够注意控制自己的情绪，尽量不将自己的情绪宣泄在孩子身上，能够察觉孩子的情绪变化，能够通过与孩子交流了解孩子产生情绪的原因，愿意接纳孩子的情绪和感受，试图运用一些方法与孩子互动，对孩子给予回应和帮助，亲子互动有一定的效果。

③总得分 3 ～ 5 分的家长没有意识到孩子是独立的个体，常常按照自己的感受和情绪行动，容易使孩子对父母的情绪和行为产生困惑，比较难帮助孩子对父母形成依恋和建立亲子安全感。这部分家长通常对孩子提出要求，在处理不了孩子情绪变化的时候喜欢采用简单的哄劝方式，对孩子的回应更多是为了达到自己想要的安静、听话的效果，很少考虑孩子的感受和情绪，这会对孩子情绪理解能力、表达能力的发展和建立良好的同伴关系产生较大的影响。

④总得分 2.5 分的家长完全没有意识到孩子是独立的个体，在家庭中占强势的主导地位，习惯于从自己的角度要求他人，在与孩子相处时常常将自己的想法强加给孩子。这部分家长通常认为孩子年龄小，需要依靠成人的教导，基本不考虑孩子的感受和情绪，不能够察觉到孩子的情绪变化，即使察觉到孩子有消极情绪也不在意，喜欢采取粗暴的方式回应孩子的情绪，导致孩子通常处于消极服从的状态，不利于孩子良好社会性情感的发展。

二、改进计划

接下来，您打算如何识别和回应孩子的情绪，采取哪些策略促进孩子情绪识别能力和理解能力的发展，并且引导孩子健康地表达情绪呢？一起来做个计划吧！

1. 描述平时您和孩子互动的情形，想想有何问题，原因是什么？

2. 思考如何调整与孩子的相处方式，营造民主、平等、有爱的家庭氛围。

3. 您打算运用哪些方式引导孩子正确地表达情绪？

幼儿园中班下册

第四专题 信任放手长本事

知名的家庭教育与婚姻研究专家、作家约翰·戈特曼说过这样一段话:“最好的教育源自内心，体现在日常生活中的每时每刻。孩子的每一次激动、悲伤、愤怒或者害怕，你都要陪伴他们度过。为人父母其实就是要在孩子最需要你的时候以他最需要的方式去帮助他。”父母的信任和肯定是给孩子最好的爱。

陈鹤琴先生说过:“凡是儿童自己能够做的，应当让他自己做。”美国著名心理学家戴尔·卡耐基也说:“孩子需要一定的空间去成长，去试验自己的能力，去学会对付危险的局势。不要为孩子做任何他自己能做的事情，如果我们过多地做了，就剥夺了孩子发展自己能力的机会，也剥夺了他的自立能力和自信心。”

罗伯特·汤森说:“人最终要独立地走向社会，就必须拥有自主独立的能力。因此从小就要培养自我意识，培养自主、自立、自强的精神和实践能力。自我意识的发展本身也是个人对自身的一种反思，正是从这种反思中人才能不断地找到自我，超越自我，实现自我。”独立就是自我生存的意识和能力。一个人只有具备了独立的意识和能力，才能比较容易地适应社会，摆脱逆境，把握机遇，发展自己。

4～5岁孩子的心理特点，在于他们将更高的身体能动性和丰富的想象力结合在一起。4～5岁的孩子不仅“快人快语”，还是“喜新厌旧”的好奇宝宝，他们喜欢一切新奇的事物，有着变幻莫测的想象力。上述这些特征只是4～5岁孩子的一些典型特征。4～5岁的孩子的魅力远不止于此。了解孩子这个阶段发展的特征及其形成原因，关注孩子的差异，是家长的必修课。

做父母的您该如何期待孩子的成长？您对孩子的未来持有什么样的信念？每个孩子都是独特的存在，都有其自身的成长节奏和发展规律，父母无法预料自己的孩子将会取得多大的成就，父母能够做到的就是让孩子的生命之花尽情地绽放，让孩子的潜能充分地发挥，让孩子不断地去突破，实现更大的可能。

父母是孩子人生的第一任老师，也是孩子一生的老师，孩子能够成为什么样的人，在于父母怎么做，如果父母无条件地去接纳孩子、爱孩子，不管孩子是健康的还是有缺陷的，孩子的内心就会被爱照亮，他就会爱身边的人；如果父母能够始终尊重孩子，积极和孩子商量，尽量让孩子决定自己的事情，让孩子参与家庭事务等，孩子就能养成独立自主的品格。

面对 4～5 岁孩子爱问、好动的特点，很多家长不知道该怎么办。我们将在下面一一解答。

案例分析

案例一　信任放手，静待花开

4 岁的妞妞拼完最后一片拼图地垫，坐起来，指着膝盖轻轻地说：“膝盖，疼。”妞妞妈妈拉着妞妞的手教她轻轻揉着膝盖，心中不由得惊叹：整整 80 片呢！ 4 岁的妞妞一片片地拼好，忘我地拼了近 1 小时。趴着，坐着，跪着……在这 1 个小时里，妞妞换了各种姿势，没有放过一片地垫。她不停地尝试，一找到一片合适的地垫，就把它仔细地拼好，然后移动一下，再找另外一片，看看是否合适。有时候，图案实在太复杂了，怎么也拼不起来，妞妞会急得哇哇叫：“怎么搞的，这是怎么搞的？”之后她会喊：“妈妈帮忙！”实在不行，妞妞妈妈就说一句：“要不要找一片新的？”妞妞每拼对了一片，就开心地拍拍垫子，再拿另一片来拼。

玩的时候，妞妞的姥姥在另一个房间喊：“妞妞，要洗澡了。”妞妞继续拼着，妞妞姥姥走过来又喊了一声，妞妞没动。妞妞妈妈连忙朝妞妞姥姥摆摆手，制止她喊下去，并悄悄告诉妞妞姥姥：“不要打扰她，她现在正在专心做事。”妞妞姥姥点点头，坐在一旁静静地看着。看了一会儿，妞妞姥姥忍不住指点：“换个边，放在那里，不是这里吧……”妞妞妈妈朝妞妞姥姥摆摆手，轻声说：“你不要干涉她，不用老教她，让她自己拼。如果她实在拼不好，会让你帮忙的。”妞妞姥姥停止了说话，看妞妞继续拼。最后妞妞姥姥看不下去了，就干脆撤退，留妞妞妈妈一人陪着。果然，碰上太难拼的，妞妞会请求帮忙。一片，一片，又一片……就这样，80片地垫拼好后，妞妞才发现自己的膝盖疼了。看着自己拼好的拼图地垫，妞妞的兴奋之情溢于言表。妞妞独自欣赏了好一会儿，然后找姥姥洗澡去了。

从那以后，妞妞妈妈说，妞妞对拼图着迷了好一阵子。对动手类的活动，妞妞也一直保持着相当浓厚的兴趣。对于喜爱的事情，妞妞总是全身心地投入，并且坚持得很久，比如她喜欢看书，到现在每天都没有中断。这种专注和坚持，让她在遇到困难时能咬牙坚持下来。动作慢、做不好、不会做、反复出错等行为，的确会让家长们看得难受，忍不住想要出手帮忙。然而，学会耐心等待，停下你的帮助和替代，放手让孩子自己去尝试，久而久之，专注、坚毅等优秀品质就会在孩子身上悄悄生根发芽。

案例中的妞妞表现出了较强的专注力、耐力和探索精神，这些优秀品质的呈现和家长的做法是分不开的。上面的案例中，妞妞妈妈的做法是值得提倡的。保持牵着蜗牛去散步的心态去耐心陪伴孩子，给予孩子空间和时间。

1. 尊重、理解、珍惜

案例中，在妞妞拼图时，妞妞姥姥叫妞妞洗澡，但妞妞妈妈没有去打断妞妞的拼图游戏，反而给予陪伴和等待，给予一定的时间和空间，珍惜孩子的游戏时光。因为懂得，所以从容。

卡梅拉的妈妈给孩子们上课，向她们传授“第一次下蛋如何放松”的宝贵经验，小鸡们都在专心致志地听讲，只有卡梅拉在放肆地“思考”，她气鼓鼓地想：下蛋，下蛋，就知道下蛋！哼，生活中一定有比下蛋更好玩的事情！卡梅拉的朋友佩罗是个见多识广的家伙，他常对卡梅拉讲大海和美人鱼的故事。卡梅拉那颗受了鼓动的心早已飞到了天边。她对爸爸妈妈说，她想去看看大海。卡梅拉的妈妈认为这是个愚蠢的想法，卡梅拉的爸爸听后气得跳起来，说："你先弄明白自己是谁吧！"是啊，经验告诉他们，一只鸡绝不可能独自去旅行。

可是，卡梅拉就是卡梅拉，她认准了的事情，是九头牛都拉不回来的。这天晚上，卡梅拉偷偷溜出了家，向着大海出发了。她翻山越岭，历尽千辛万苦，走得小脚都失去了知觉，但大海在远方召唤着她，她不能半途而废。终于，她看到真正的大海了。她从沙滩上捡起一块木板，开始了惊心动魄的旅行。一个巨浪打来，将卡梅拉和她的小木板冲到了一艘船上，卡梅拉便随帆船来到了大海另一边的陆地。慢慢地，卡梅拉长大了，她和一只小红鸡相爱了，他们建立起了幸福的小家庭。后来，卡梅拉和小红鸡有了自己的宝宝——卡梅利多，卡梅利多特立独行的程度丝毫不亚于他的母亲，他的愿望居然是拥有一颗属于自己的星星……当作者问小侄女："喜欢这个故事吗？"小侄女回答："喜欢！太喜欢了！"作者又问："喜欢卡梅拉吗？"她回答："喜欢！太喜欢了！""能说说为什么喜欢卡梅拉吗？""卡梅拉不听别人的，不想下蛋就不下蛋；卡梅拉听自己的，想去看大海就去看大海。""你想成为一个像卡梅拉一样的人吗？""想……不想——嗯，又想，又不想。要是我不想写作业就不写作业，我妈妈一定会骂我；要是我想去看大海就去看大海，我爸爸肯定会揍我。所以，我只能偷偷喜欢卡梅拉。"

是啊，这是多么令人心酸的嘲讽——大概没有一个孩子不喜欢卡梅拉，但是，有勇气喜欢卡梅拉的成人可能就不太多了。作为成人，我们忘了自己也曾经有过拥有一颗属于自己的星星的愿望，也思考过大海为什么是蓝色的。作为家长，我们应竭尽全力地尊重、理解和珍惜孩子的一切。在现实生活中，有的家庭以一种"我是为你好"的态度对待孩子，过分重视孩子智力的开发和技能的掌握而忽视了非智力因素的培养，使孩子缺乏独立精神、奋斗精神和必要的经验准备。

2. 给孩子思考的时间

案例中的妞妞妈妈在孩子遇到困难时没有主动帮助，也没有加以限制，而是启发孩子思考，培养孩子积极探索和独立解决问题的能力。现实生活中，有些家长溺爱孩子，使孩子缺乏独立面对问题、解决问题的勇气和能力。现在的很多孩子都是家中的“宝贝”，爸爸妈妈、爷爷奶奶都对他们疼爱有加，千方百计地为他们创造优越的生活环境。当孩子遇到困难的时候，家长总是替孩子解决好。在这种优越的环境下成长的孩子，普遍缺乏勇敢精神，不敢面对困难，不想尝试新事物，对家长有很强的依赖性，遇到一点儿困难和挫折就想退缩甚至逃避。

学会思考，对一个人的成长极为重要。伟大的科学家爱因斯坦说过：“学习知识要善于思考，思考，再思考。”独立思考的能力是科学研究和创造发明的一项必备的才能。思考能力越强的孩子，其求知欲、学习能力、创造力就越强。中班孩子的好奇心和探索欲是很强的。思考源于好奇，孩子都有好奇心。有一位妈妈向我介绍她育儿的经验，她总是给孩子“问号”，从不给“句号”。这样大大激发了她女儿的好奇心，使她的女儿从小就好发问、好思考，她的女儿后来还获得了博士学位，在事业上也取得了很好的成就。

3. 关注和耐心等待

案例中妞妞妈妈对孩子是保持关注和耐心的。在妞妞拼图的时候，妞妞妈妈没有催促，让孩子根据自己的节奏慢慢来。每一个孩子都是独特的存在，有其自身的成长节奏和发展规律。

任何人得到别人的关注时都会很高兴，尤其是小孩子，如果没人关注他，他会想方设法地吸引别人的注意。关注对于孩子有很重要的意义，家长用来纠正孩子不良倾向的主要的手段，就是表达自己对孩子的关注。任何一种教育手段都不比家长积极关注孩子有效。家长教育孩子时表现出的关注会对孩子的健康状况、学习和生活的其他方面产生非常积极的影响。在这种背景下，家长的关注被视作孩子行为的直接后果。家长想要让孩子养成自律的习惯时，有时候会在每个具体情况下采用某种限制手段。家长会给孩子制定规则和要求，在孩子遵守或违反规则和要求时给予表扬或惩罚，并且让孩子了解受到表扬或惩罚的原因。这样，在爱和关注的氛围中成长的孩子会更幸福，成为更好的人。

在现实生活中，一些家长看到孩子做事情时，总是习惯于上前帮助或限制，殊不知，这些不经意的帮助或限制会挫伤孩子探索的积极性，阻碍孩子独立意识的形成，同时也会挫伤孩子的自尊心。这样做会让孩子在处理事物时对自己丧失信心，不愿意去尝试，甚至逃避。这些家长之所以这么做，是因为担心累着孩子，或担心孩子做不好，自己重新再做太麻烦。还有一些家长认为，吃饭、穿脱衣服等生活技能是不用训练的，因为孩子长大自然就会。其实这些观念都是不正确的。从儿童发展的规律来看，不给孩子锻炼的机会，就等于剥夺了孩子自理能力发展的机会，久而久之，孩子也就丧失了独立能力。

康拉德·希尔顿是美国希尔顿饭店的创始人，在他很小的时候，他的父亲就开始培养他的劳动实践能力。有一天天刚亮，父亲就把希尔顿叫起来，并且用愉快的声调说："你可以到畜栏里拔草了。"于是希尔顿开始了他人生中的第一次劳动。希尔顿在童年时期就在父亲的带动下开始干活学本领。希尔顿上学后，父亲专门开辟了一块地给他，让他学会耕地，自食其力。他在地里种了青菜，每天放学后就跑去松土、浇灌和施肥，等收获了，他便拿到市场上去卖。他的第一个顾客往往是他的母亲。当他接过母亲手中的钱时，他总是深深地感受到收获的喜悦和成功的快乐，同时也对自己的劳动成果倍加珍惜。

在这样的磨炼中，希尔顿得到了许多经验，胆量也越来越大。正是这些必要的训练和宝贵的经验促成了他日后的成功。

总之，培养孩子是家长的责任，但家长的责任不是将孩子牢牢地抓在手里，让他们无法动弹，而是对孩子适当地放手，让孩子在自由的空间里翱翔。因此，在保证孩子安全的前提下，家长应该放手让孩子去做力所能及的事情。

任何家长都不可能包办孩子的一生。孩子的将来，包括学习、工作以及事业的成功，都要靠他们自己去闯、去努力、去奋斗。而这一切，没有自立、自强的意识和精神，是很难得到满意结果的。家长应该明白，独立既是生存的需要，也是孩子成长中的必修课。

案例二 理解尊重，助力成长

多米妈妈对4岁的多米提的问题有些招架不住，多米对什么都充满了好奇，总是会提出各种各样的问题，常会追着爸爸妈妈问东问西。

有一天，多米妈妈带他去公园玩，他对公园里的一切东西都感到好奇。一路上左看看，右看看，非常活泼。可是，没过一会儿，多米妈妈担心的事情发生了，多米开始问个不停了。

多米看到一只蝴蝶之后，就问妈妈："妈妈，那是什么啊？"

多米妈妈："那是蝴蝶啊。"

多米："蝴蝶是从哪里来的呢？"

多米妈妈："蝴蝶是由毛毛虫变成的。"

多米："毛毛虫是怎么变成蝴蝶的呢？"

多米妈妈："蝴蝶的幼虫是毛毛虫，经过四五次蜕皮之后，老熟幼虫化蛹，由蛹羽化为成虫，就是蝴蝶了。"

多米："蝴蝶为什么会飞啊？"

多米妈妈："因为蝴蝶有翅膀啊。"

多米："为什么蝴蝶有翅膀，我没有翅膀呢？我也想要和蝴蝶一样的翅膀。"

多米妈妈不知道如何回答。多米见妈妈没有回答，又接着问："妈妈，你快回答我啊，我怎样才能有一双漂亮的翅膀呢？"

多米妈妈："因为蝴蝶是昆虫，我们是哺乳动物，大部分哺乳动物是没有翅膀的。"

多米："为什么大部分哺乳动物没有翅膀呢？"

多米妈妈："这是由生活环境决定的。"

多米："我们不是都生活在一样的环境中吗？"

多米妈妈："是啊，妈妈也不知道，我们回家一起翻翻书，找一找原因，好吗？"

多米点了点头，就不再问了。多米妈妈说："太热了，我们一起吃冰激凌好不好？"

多米又想问什么，多米妈妈就说："等吃完冰激凌我们回家找一找，看一看，好吗？”说完就拉着多米去吃冰激凌了。

有一次，多米从幼儿园回来告诉妈妈：“妈妈，幸亏我是一个男生，要不生孩子多疼啊，我要谢谢你！”说完，多米就抱着妈妈亲了亲，然后跑去看电视了，留下一脸疑惑的妈妈。还有一次，多米突然问：“妈妈，我是从哪里来的呀？”多米妈妈就对他说：“每一个孩子都是在妈妈的肚子里长大的，都是妈妈生出来的。宝宝就像植物一样，是由一颗小小的种子发育长大的，植物的种子种在土壤里，宝宝的‘种子’种在妈妈的肚子里。妈妈的肚子里有一些很小很小的像小球球一样的东西，叫卵子；爸爸的身体里有许多很小很小的像小蝌蚪一样的东西，叫精子。爸爸妈妈都喜欢宝宝，就让精子和卵子结合在一起，成了‘种子’，这颗‘种子’就是宝宝。它住在妈妈肚子里一个叫子宫的地方，在里面慢慢长大。在长大的过程中，需要的营养就靠妈妈提供。妈妈要吃很多东西，然后通过脐带传送给在子宫里的宝宝。经过10个月左右的时间，宝宝就长大了。妈妈子宫里装不下了，宝宝就通过妈妈身体里一个连接外面的叫产道的通道溜出来了，世界上就多了一个可爱的小生命了。对于小生命的到来，爸爸妈妈都很开心。”多米妈妈还给多米看他在妈妈肚子里时的照片，多米很开心，而且多米看照片时还说：“妈妈，原来在你肚子里时的我是这样的。”这样给孩子以形象化且科学的回答，让他知道自己是从妈妈的子宫里出来的，与妈妈有着血肉相连的亲情，让孩子感受到与父母的亲密关系，培养孩子对父母的热爱之情。

案例中的多米妈妈对孩子的好奇好问持一种引导的态度。多米问“我是从哪里来的呀”，表明其好奇心和对世界探索能力的发展。案例中多米妈妈的智慧可以让我们借鉴，她告诉孩子，一个新生命的诞生经历了那么长时间的培养，是多不容易，她在孩子小时候就对孩子进行珍惜生命、热爱生活的教育。孩子能否养成优秀品质和家长的做法是分不开的。

当孩子追着你问个不停的时候，其实是他们对世界进行进一步探索的表现。虽然他们的问题总是天马行空，让你无从回答，但即使是这样，你也不要对孩子表现出厌烦的情绪。小孩子都是非常单纯的，当他们对世界的认识并不深的时候，他们是绝对相信爸爸妈妈的，这种信任甚至有些盲目，所以尽可能不要欺骗他们。想想爱迪生，他小时候就总是问“为什么”，他探索精神得到他妈妈的肯定，这与他日后能够成为伟大的科学家有着很大的联系。

1. 注重倾听，引导孩子积极思考

案例中，多米问“毛毛虫是怎么变成蝴蝶的呢”，多米妈妈的应对方式是耐心地倾听，关注孩子的活动思路，没有打断他，更没有反驳，而是等孩子叙述完之后，对孩子给予积极的回应。多米妈妈的回答和方式值得我们学习，家长可以积极地引导孩子思考，顺着话题教孩子一些常识：这是什么，那是什么，干什么用的。家长也可以适当地问一些简单的问题，让孩子试着自己回答，家长不必执着于孩子的答案是否正确，只要他们言之有理就可以。家长的倾听也是一个学习的过程，在与孩子相处的过程中，多倾听、关注，会更加了解孩子，积累教养经验，为孩子更好的发展服务。

2. 肯定、接纳

案例中的多米妈妈在孩子问问题时，态度积极。孩子特别渴望自己被认可，得到家长的关注。现实生活中，有些家长对孩子提出的问题只是简单武断地回答，敷衍孩子，导致孩子不愿再提问，变得越来越内向，严重时还会出现自闭倾向，这样会使孩子缺乏独立面对问题、解决问题的勇气和能力。当孩子战胜困难时，家长应该给予鼓励。家长应关注孩子的日常表现，及时发现和赏识每个孩子的点滴进步，注重激发和保护孩子的积极性、自信心。在案例中，家长对孩子提出的问题能耐心回答，循循善诱，得益于平时的用心观察。

3. 营造轻松愉悦的沟通氛围

氛围会影响孩子各方面的发展，特别是家庭成员之间和睦、愉快的关系所营造出来的家庭气氛，对孩子的性格形成有积极作用。案例中的多米妈妈在和孩子进行交流和沟通的时候会关注孩子，注意语气。对于许多父母来说，要多抽时间，陪孩子一起玩游戏、读书等，在这些过程中对孩子给予表扬和积极的反馈，增加一些和孩子交流与沟通的机会，

让孩子感受到自己很棒。

孩子开始问“为什么”表明孩子开始关注除自我之外的事物，是孩子成长的一种表现，也是孩子对世界进一步探索的表现。这个世界对于孩子来说就是一片未探索的地图。几乎每个孩子都会在他们刚刚懂事的时候追着父母问一个问题：“我是从哪里来的？”有些父母非常尴尬，认为孩子还小，很难明白是精子和卵子相结合之后才有了他。虽然尴尬，但是作为家长，最好不要去“忽悠”孩子，因为这是孩子疑问的开始。这种探索本能会出现在每一个处于这个年龄段的孩子的身上。

总之，当孩子提出问题的时候，家长一定要采取正确的处理方法，让孩子能够得到满意的答案。孩子的问题得到反馈对孩子而言就是一种鼓励，当孩子的每个问题都能得到积极的回应时，能进一步激发孩子的好奇心和求知欲，从而更主动地去发现问题、提出问题并解决问题。

案例三　慎贴标签，妙对话痨

幼儿园中班有一个孩子，无论做什么事都会不假思索地说“我不会”，而后就等待老师解决。穿袜子，说“我不会”；扣衣扣，说“我不会”；吃饭，他把头扭向一边，还是说“我不会”；小朋友活动时他坐在那里不参加，问他他还是说“我不会”；开学时，老师让每个小朋友说说过年都做了什么，有的说和爸爸放鞭炮了，有的说吃饺子了，还有的说看烟花、看灯展了，最后一个让他说，还是那句“我不会”。

通过了解发现，孩子这种过度依赖、不自信的表现，主要就是因为他所有的事情都由家长代劳了，孩子只要说“我想要”“我不会”，那么他的一切要求就能得到满足。这是一个被家长剥夺了自主能力的孩子。家长的代劳导致孩子只要说“我不会”就能满足需求，这其实反映了孩子“症状获益”的心理，即一个行为症状的出现如果总能获得好处，那么这个行为症状就会一直出现。要让孩子改变“我不会”的状态，家长必须改变，要放手让孩子多做，有时也可以用一些引导词：“孩子如果你会了，你会……（描述一个孩子学会了以后会怎么样的一个画面）”“孩子你是以前不会，现在学了（做了）就会！”

案例中孩子出现这种表现，主要是家庭方面的原因。首先，没有提供孩子养成习惯的家庭环境。案例中，孩子什么都说“我不会”，家长过度的包办导致孩子对自己的能力失去了信心，失去了养成良好习惯的环境。“染于苍则苍，染于黄则黄。”良好的家庭环境对一个人的成长有着至关重要的作用。家是孩子成长的摇篮，孩子的成长总是会被打上环境的烙印，就家庭教育环境而言，既包括家庭的物质环境，也包括家庭内部的精神环境。家庭的物质环境并不是指家庭的豪华装修，而是指整洁有序、健康向上的环境，孩子应该有属于自己的一方天地和活动空间；家庭的精神环境内容很多，它包括家庭的文化氛围、价值取向、人际交往、家风家规、家庭气氛等多方面。对于孩子的人格发展来说，精神环境更为重要。

其次，不相信孩子的能力。案例中的家长不相信孩子可以做好事情，没有放手让孩子去做。

孩子需要通过体验“我能做多少”来获得成长的心理营养，在体验中发现自己能去做、有一些能做到或做好。做得越多，孩子获得的自信也越多。孩子越小越容易受到家长的语言暗示，当家长对孩子说“你不会”时，孩子会认为自己真的不会，然后放弃尝试。

在与孩子的日常相处中，家长可以参考以下做法。

1. 控制自己的情绪

家长千万不要轻易发怒，要知道，无论什么理由都不是情绪失控的借口，更不至于让你拿孩子出气。而且，对孩子实话实说远比对他大吼大叫更加有效。在富有同情心的家庭环境中长大的孩子通常也很善于理解父母的感受。

2. 家长要做到积极乐观，给孩子树立榜样

童年是孩子人格形成的关键期，儿时的心境会像底片一样成为人生永久的心理模板。生活中孩子们会时时刻刻用纯净的目光注视着家长，用稚嫩的生命记录和储存家长的行为，并在日后的生活中自然折射出来。面对生活中诸多的不如意，家长应注重用积极的心态面对，用良好的心境去影响和改变孩子，让孩子学会正向思考，在不如意中选择快乐。

3. 孩子有不良习惯时要积极引导

身教重于言传，孩子的言行举止深受家庭的影响。当发现孩子有不良的言行习惯时，不要急于批评孩子，而要更多从自身查找原因，纠正自身的不良言行，为孩子树立一个好的榜样。

4. 用长远的眼光培养孩子的习惯

孩子的习惯会出现反复，家长要做好长期引导和教育的准备。

了解孩子

没有了解，就没有真正的教育。苏联教育家苏霍姆林斯基有一句名言：“不理解孩子的内心世界，便没有教育文明。”有时对孩子造成伤害的不是陌生人，而是家庭。心理学研究发现，无论做什么事情，首先要对其进行了解，了解是做好事情的前提，完整的了解会减轻人的焦虑感。焦虑情绪的降低，更有利于把事情做好。让我们一起从以下几个方面来了解孩子吧。

一、4～5岁孩子的特点

在这个年龄段，孩子精力充沛、不喜欢受拘束，想做自己喜欢的事。

在4～5岁，孩子的身体发育是相当稳定的。男孩的平均身高为104厘米，女孩的平均身高为103厘米。4岁孩子的平均体重为16千克，男孩会略重于女孩。这个年龄段的孩子的身体运动能力有了很大的发展。这个年龄段的孩子体力明显增长，精力充沛。他们喜爱在户外跑、跳、攀爬，或进行球类运动，或热衷于挑战高难度的动作。在说说笑笑、打打闹闹中，其运动能力、表达能力、思维能力都得到了极大的发展。在日常生活中，你或许会惊讶于孩子的变化，但是孩子都有个体的差异性，家长要正确看待自己孩子独特的发育速度和进展模式。

4～5岁孩子的认知能力有了很大的发展。他们的反应能力和学习能力明显提高，但是家长往往觉得他们缺乏耐心，变来变去。其实他们的注意力已经具有一定的稳定性和持续性，鉴于他们的语言能力飞速发展，他们还会借助语言，将自己的注意力较长时间地维持在眼前的任务上。4～5岁的孩子喜欢与人沟通，他们会在聊天的过程中学习语言。他们喜欢讲故事，尤其喜欢将自己天马行空的幻想编成非常具有戏剧性和冒险性的故事并讲给父母和同伴听，他们有时候会添油加醋，有时候又会神秘兮兮地说悄悄话。他们讲起话来俨然一个个小大人。

在情绪表达方面，4～5岁的孩子有时候会非常极端，他们的情绪表达内容出现了转变。有些孩子喜欢交朋友，却往往方法不当，容易动手，比较霸道，攻击性强。如果他们的要求得到满足，他们便会高兴不已；如果他们的要求遭到了拒绝，他们可能会哭闹不停。在语言表达上，有些孩子喜欢夸大其词，比如使用“我比天还高”“我爸爸比你爸爸强一万倍”“我做得比你好一百倍”等之类的表达。

4～5岁的孩子开始具备一些重要的社会技能。这个年龄段的大多数孩子已经历了一年幼儿园的集体生活，同伴交往范围越来越大，交往需求与交往能力都有所增长和发展。有关“友谊”和“朋友”的话题成了4～5岁孩子生活中必不可少的谈话内容。但是他们在社会认知方面仍然是以自我为中心，考虑问题只从自己的角度出发。他们对朋友的理解还较粗浅，常常认为那些和自己一起玩耍的、听自己话的、能让自己开心的伙伴才是朋友。这个年龄段的孩子还具有较强的成就动机。他们认真努力做事情的原因往往是惧怕失败，他们有时候甚至会因为太害怕失败而不敢行动。这样的行为表现主要是4～5岁的孩子过于看重事情的结果而忽视过程的重要性所致。对待小伙伴积极主动也是这个年龄段孩子的特点。他们更加喜欢参加集体活动，能熟练地和其他小朋友做游戏，几乎不需要家长的指导和帮助。但家长仍需要随时关注孩子，当他们和伙伴发生矛盾或纠纷时，要及时进行调解，平息争吵。

总体来说，这个阶段的孩子更喜欢尝试新事物，敢于冒险，面对事情会有相当夸张的反应。他们变得爱吹牛，也容易愤怒，却更加开朗，能够很容易地加入其他小朋友的游戏，也会呼朋唤友一起做游戏，进入了一个能够毫无顾忌地展现自我的阶段。听起来，4～5岁的孩子易受伤、爱闯祸、添麻烦、难管教，好像不是可爱而乖巧的孩子。但是，如果家长换个角度看待这个年龄段的孩子，不以苛刻的标准去衡量他们，家长就能够欣赏与享受这个年龄段孩子的可爱和魅力。

二、4～5岁孩子的爱好

在这个阶段，孩子几乎对任何事都充满兴趣，几乎所有的玩具和物品都能吸引他们。他们喜欢进行户外运动、想象、角色扮演、画画、读有趣的故事等。虽然孩子已经不再像小时候那样依赖家长，时刻要求陪着玩耍，但他们的专注时间仍然持续不长，一会儿玩积木，一会儿又去拍皮球，一会儿又拿起笔画两下。针对这种情况，家长应多准备几样玩具，让孩子有更多的选择。故事书仍深得孩子喜爱，大多数孩子都有自己喜欢的书，会要求家长反复读或是自己看，这样可以逐渐培养孩子的专注力。

到户外玩也是一件吸引孩子的事情。这个年龄段的孩子有充沛的精力、丰富的想象力、活泼好动的天性，所以不用刻意规划、安排，只要带孩子到室外去自由活动，他们就会很开心。无论男孩还是女孩，都较喜欢大运动量的体能活动，可以让孩子玩攀爬架、滑梯、蹦床等，或骑小三轮车、滑滑板车，也可以尝试滑轮滑、滑冰、滑雪等。如果有机会，可以带孩子到大自然中，让孩子感受自然。

这个年龄段的孩子喜欢想象，会和小伙伴躲在角落里叽喳讨论，说一些充满神奇想象的话题；或玩过家家，分别扮演爸爸、妈妈、医生、警察、售货员等角色。无论男孩还是女孩，都喜欢穿大人的衣服，男孩喜欢爸爸的皮鞋和棒球帽，女孩喜欢妈妈的长裙、围巾、手包等。孩子还喜欢用蜡笔或水彩笔画画，或者剪纸、捏橡皮泥等，对积木类、拼插类玩具仍然很喜爱。除此以外，孩子往往还喜欢帮大人做家务，比如擦地、擦窗户、洗碗等，虽然经常帮倒忙。

在艺术方面，4～5岁的孩子已经能享受音乐的美，有的可以打出相当有韵律的节奏，有的还能拿着指挥棒“指挥”合唱，边唱边跳。另外，有些孩子还喜欢在家里养小动物和植物，增加对生命的观察和感受，培养爱心和责任感。

三、生活技能得到更好发展

家长可以看到，孩子通过不断地练习可以掌握各项生活技能，并通过家长的提醒内化成自己的习惯。在这个阶段，孩子掌握的生活技能越来越多，运用得也越来越熟练，这对孩子来说是非常重要的进步和成长。家长要肯定孩子的进步，多给孩子自己动手的机会，让孩子学会生活自理，并养成良好的生活习惯。

第一，尝试用筷子吃饭。在孩子已经能够比较熟练地用勺子舀粥、米饭等食物之后，可以开始让孩子尝试使用筷子。虽然小孩使用普通的筷子时会遇到困难，但使用专用的训练筷子吃饭就容易上手。借助训练筷子的练习，他们可以熟练地夹起块状、条状的食物，不会轻易将饭菜撒在餐桌上或者地上。

第二，独立如厕。这个阶段的孩子基本上能够独立上厕所，还会自己做清洁，并且在家长的引导下养成了便后洗手的习惯。

第三，独自睡觉，不需要陪伴。这一阶段的孩子基本上已经熟悉并适应独自睡觉，形成了比较规律的作息，通常不会再吵着要求陪睡，晚上去厕所也能够自己解决。但是很多孩子还会要求睡前读故事。

第四，自己穿脱衣服和鞋子。穿脱衣服是这个阶段的孩子基本都能掌握的技能。不过，如果拉链或者扣子设计在后背部位，家长仍须提供帮助。此外，不管有无粘扣，孩子基本能自己穿脱鞋。

第五，自己刷牙、漱口。这个阶段的孩子大都能够自己刷牙，甚至没有家长的提醒和督促，也能够按时刷牙。有些孩子养成了进食后漱口的习惯。不过，家长仍应检查刷牙情况，必要时予以帮助，以便孩子能够彻底清洁牙齿。

实施指南

一、怎样和 4 ～ 5 岁的孩子相处

孩子的语言、思维都得到更进一步的发展，家长如何更好地和孩子

交流呢？

1. 适当满足孩子的要求

对于这个年龄段的孩子，适当退让会更好一些。也就是说，适当给孩子点甜头，会让他们更容易转变想法，配合家长的要求，甚至可能给家长意想不到的积极反应。当然，家长需要把握好退让的尺度。

2. 用有趣的事情吸引孩子

这个年龄段的孩子喜欢用各种新奇的方式来做事情，所以家长可以试着轻松愉快地邀请孩子做游戏或比赛。若孩子不愿意配合，家长可以描述接下来要做的事情多么有趣，这可能也会提起孩子的兴趣。

3. 控制自己的不良情绪

暴跳如雷对纠正孩子错误的行为作用不大，而冷静处理对孩子的故意挑衅会有用得多。如果孩子的行为过激，涉及安全、原则问题，或打扰了别人，家长应平静地加以制止，要知道，平静而坚定的约束很多时候比咆哮、吼叫更有效。

4. 讲究交流的方法，少用否定句

相较于直接否定，孩子更愿意接受家长的建议式要求，比如“你可以试试这么做”“你这样做可能会更好”等，而不是“你不能这样，不能那样”等否定式的要求。当然，如果孩子做了触及原则的事情，比如安全问题，家长要严肃明确地以“不可以”“不行”制止，以此让孩子明白哪些原则是绝对不能碰触的。

二、怎样正面引导孩子

面对孩子，有些家长可能会疲于一次次耐心安抚，于是开始使用武力解决问题。这种方法当然不可取，同样，置之不理、放任不管也不可取。相较于管教，家长更应侧重于引导，以下几条原则可以参考执行。

1. 适当介入，灵活掌握

在实施时，家长采取的一切措施必须符合孩子理解、接受的程度和社会规范。采取措施时家长要注意强度及介入方式，既要避免孩子因压力过大而出现抵触情绪，也要避免因严厉不足而威信全无。这个度确实很难把握，但又是一门必修课，需要家长根据孩子犯错的程度及孩子的性格特质具体分析、灵活把握。

2. 强化优点，淡化缺点

如果孩子犯的错误只是习惯性的小问题，家长最好在日常生活中让孩子有所感悟并最终改正。这种做法在于潜移默化，以强化优点来淡化缺点，比如孩子习惯于自己的东西从不给别人，当孩子有一次将玩具给别的小朋友玩的时候，可以跟孩子说："宝宝做得很好，跟小朋友分享了玩具。"这样的方式会让孩子体会到分享带来的快乐，远比孩子不想分享时反复唠叨督促孩子把玩具给别的小朋友玩要有效。

3. 原则性的错误必须严厉批评、监督改正

即便是孩子，如果碰触了底线，犯了原则性错误，也要严厉批评，并敦促其改正，比如安全问题，或者给别人造成直接伤害的行为或语言。家长应表明严肃的态度，甚至施以惩罚，让孩子明白事情的严重性。

4. 家庭成员要统一教育标准

在向孩子传递信息时，所有家人都必须认同和接受。如果多个人多个标准，会让孩子感到茫然且不知所以，之后就会对家长的威严产生怀疑，执行程度也将大打折扣。此外，标准不要轻易改变，否则孩子会对家长和标准都产生怀疑和不信任。

5. 以身作则，做好榜样

模仿是孩子的共同特点，也是学习的主要途径。孩子的模仿对象主要有父母、老师等孩子身边的重要成年人，经常一起玩耍的小伙伴，以及书本、电视等媒介里的主人公。由此，日常生活中家长注意为孩子做

出示范，利用榜样的力量感染孩子。创设机会让孩子多与慷慨大方的小朋友交往，注意让孩子从身边的小事做起。

三、鼓励孩子积极社交

1. 和大家一起玩，多参与集体活动

这个阶段的孩子喜欢参与集体游戏，要多给孩子和其他小朋友交往的机会。

2. 友善沟通，融洽相处

对孩子来说，跟小伙伴一起玩是一种需求，这个年龄段的孩子会主动邀请小朋友一起玩，还会在想玩某件玩具时跟对方商量，而不是像之前那样“喜欢就要，不给就抢”。对于孩子友善的行为，家长应给予肯定和鼓励，但不必时时盯着马上回应，可以在游戏结束后回家的路上或者晚上睡觉前跟孩子进行沟通交流。

3. 教孩子尊重对方的隐私

这个年龄段的孩子开始对身体器官产生兴趣，在表达对其他小伙伴的喜欢时，可能会做出比较夸张的举动，比如亲亲、抱抱等。因此，家长应对孩子进行隐私教育，告诉孩子自己身体被内衣遮住的地方不能被别人看到和触摸，当然也不能摸别的小朋友的这些地方，要尊重对方的隐私。类似的教育可以通过绘本、动画片进行，生硬地要求和制止会让孩子感到茫然，反而让其更加好奇，适得其反。

延伸拓展

一、阅读推荐

›› 1.《不吼不叫：如何平静地让孩子与父母合作》（作者：［美］罗娜·雷纳；出版单位：上海社会科学院出版社）

推荐理由：本书基于气质研究和正念理论，为家长提供强有力的技巧，以减少家庭冲突，促进合作、尊重和相互理解。家长可以学到一些策略，帮助家长在沮丧达到峰值时管理好自己的情绪；实用的解决方法，帮助家长恢复冷静，以让家长和孩子都受益的方式与孩子有效沟通。本书可以告诉家长：吼叫会对孩子和家长有什么影响，日常生活中是哪些因素的逐渐积累最终导致家长又吼又叫，如何辨识引发吼叫的隐性因素，家长的个性和孩子的个性对吼叫有什么影响，家长为什么想要停止吼叫，如何减少吼叫——就从现在开始。

›› 2.《成长型养育：用成长型思维，培养孩子未来核心竞争力》（作者：高寿岩；出版单位：中国妇女出版社）

推荐理由：这本书抓住了现代父母教育孩子的本质问题，通过科学的框架和维度，把传统的育儿知识做了重新梳理，启发父母用成长型思维看待孩子的成长。书中提炼的健康的亲子关系模型和孩子成长的 7 项关键能力，可以作为年轻父母教育孩子的重要指引。

›› 3.《你的 4 岁孩子》（作者：［美］路易丝·埃姆斯，［美］弗兰西斯·伊尔克；出版单位：北京联合出版公司）

推荐理由：这是一本介绍孩子成长规律的书，可以帮助家长了解 4 岁孩子的成长趋势，真正理解孩子的行为，并给予正确的引导。尊重孩子的个体差异，让每一个孩子都能够身心健全、茁壮成长。家长常常会因为孩子成长过程中的“不正常”现象而产生担忧和焦虑，当家长了解到孩子很多难以理解的行为其实是大多数孩子都会有的正常情况时，就可以减少在教育孩子过程中的焦虑心理。

4.《不一样的卡梅拉》系列绘本（著者:[法]克利斯提昂·约里波瓦；绘者:[法]克利斯提昂·艾利施；出版单位：二十一世纪出版社）

推荐理由：这个系列绘本讲的是母鸡卡梅拉和她的儿女们卡梅利多和卡门的历险故事。卡梅拉家族里的每个成员都是那么与众不同。他们敢于幻想，更敢于去尝试别人不敢想的事情。书中充满了惊险的情节和法式的幽默，当然也不乏那些令人捧着肚子哈哈大笑的段子。这套书的特点是小口袋式，小 32 开，轻松、便携。每册字数有在 1500 ～ 2000 字，阅读这套书，起步阅读的孩子很容易独立自主地从中获得自我阅读的乐趣和完成全篇阅读的成就感。

5.《小猪小象双语绘本系列》（作者:[美]莫·威廉斯；出版单位：湖南少年儿童出版社）

推荐理由：本书平易近人，妙趣横生，真实，插图风格简约，对话机智幽默，符合低幼读者的心理，让孩子读得津津有味。

二、知识链接

不吼不叫的 A-B-C-D-E 法则

下决心不再对孩子吼叫也许不难，但是当你被激怒的时候，想要做出不同的反应就没那么容易了。当你感觉被孩子激怒时，可以尝试这 5 个步骤：自问（Ask）、呼吸（Breath）、平静自我（Calm yourself）、确定孩子的需要（Decide what your child needs）、同理心（Empathize）。

1. 自问

· 我现在感觉如何？

· 我进一步的想法是什么？

· 我能否接纳自己的感受，并且改变我的看法？

2. 呼吸

· 在问自己这些问题时，开始调整自己的呼吸。

· 从腹部开始呼吸，有意识地做 3 ～ 5 次缓慢、轻松的呼吸。你可以在呼气和吸气的时候，数 4 个数。呼吸的时候感知自己的身体，想象每一个细胞都充满了氧气。核心是要温和地觉察自己的呼吸。只要孩子没有面临紧急情况，你在做出回应前都要尽可能地给自己时间关注呼吸。

3. 平静自我

· 关注呼吸有助于调整你的情绪。

· 用积极、现实的想法代替消极的想法，就能让自己的心情平静。

· 等到自己平静下来再管教孩子或者与孩子沟通。

4. 确定孩子的需要

· 想一想孩子的个性和年龄。你对他是否抱有合理的期待？

· 他需要的是一个结果？一个拥抱？需要你为他重新指出方向？需要鼓励？或者需要一个清晰的界限？

· 他的行为向你传递了什么信息？

5. 同理心

· 将自己置身孩子的处境，尝试感受他的情绪和想法，倾听他想诉说什么。

· 告诉孩子你能理解他的处境和感受。

评估改进

一、自我评估

1. 我为什么想成为更好的父母？

2. 我想为孩子树立好的榜样，从哪些方面入手？

3. 我想更多地了解孩子，阐述 4 ～ 5 岁孩子的特点。

4. 简单阐述教育孩子的方法。

二、改进计划

亲爱的家长，您好！阅读本专题后，您应该对放手让孩子自我成长有了更深刻的认识和了解。下面请您结合实际情况，写出自己的改进计划，并逐项完成。

第五专题　品格培养要及时

品格——品性、性格，是一个人的基本素质，它决定了一个人回应人生处境的模式。品格培养要及时，因为中班的孩子在品格养成方面正经历着从“他律”到“自律”的过程。正如著名儿童心理学家皮亚杰所说:“孩子4岁前属于‘他律’阶段，即4岁前孩子的品格行为需要在父母的引导下进行。孩子4岁后，道德规范和品格习惯慢慢建立。6岁后，孩子基本上已经形成了初步的品格标准，即‘自律’阶段，什么事情是好事，什么事情是坏事，他们内心基本有初步的判断。”

有句话说得好:“在对的时间做对的事情。”那么，在品格培养的关键时期，家长需要及时关注并付诸行动。“三岁看大，七岁看老”说的就是依据孩子幼年时的行为方式能够判断孩子未来的发展。这里的“三”和“七”都不是指孩子具体的年龄，而是指孩子的幼年，可见幼年时期的品格养成要及时。越来越多的家长也意识到要在孩子最容易培养品格的年龄段播下真、善、美的种子。然而品格培养并非一朝一夕的事情，需要渗透在生活之中，在潜移默化中影响孩子，更需要父母科学的引导，才能帮助孩子养成良好的品格。我们一起来看看应该如何做好孩子的品格教育。

案例分析

案例一 “放任型”品格培养，无边无界危害大

中班的亮亮是一个很机灵的孩子，天真活泼、善于交流，每天他能在幼儿园愉快地游戏、生活，对于幼儿园的基本规则都能遵守。在幼儿园里，他就是老师和同伴眼中的自制力很强、不影响他人的好孩子。亮亮的父母因为工作繁忙经常不陪伴亮亮，由亮亮爷爷作为主要养育人照顾孩子。

观察发现，亮亮在爷爷面前的表现与在幼儿园判若两人：离园时，自园门口见到爷爷开始，亮亮就使出了他的“十八般武艺”撒泼，不是要买玩具，就是贪玩不肯回家。亮亮爷爷碍于面子，每天在口袋里偷偷藏了孙子喜欢的玩具以求相安无事。

偶尔一次也可以理解，但天天如此便引起了老师的关注。老师尝试跟亮亮爷爷沟通，希望亮亮爷爷不要无限制地满足孩子。可是亮亮爷爷不这么认为，他说他也知道这样不好，可是有什么办法呢？不给亮亮买玩具，亮亮就天天在幼儿园门口大哭大闹，只好买个小玩具让亮亮开心一下。如果不满足亮亮的一点点小要求，亮亮就会搞得“惊天动地”，亮亮哭起来令他也受不了。老师继续尝试引导：“可是形成‘即时满足’的习惯之后，会让孩子的胃口变大。他不懂得克制买玩具的欲望，自然也会影响他的自制力，您也不希望他形成不良的品格吧？”亮亮爷爷不以为然地说：“没关系的，亮亮长大了就会懂事的，懂事之后不就好了吗！”

打那之后，亮亮爷爷见到老师就先把玩具偷偷藏起来，走出园门就用玩具满足亮亮。三番五次后，老师就跟亮亮的父母沟通，希望他们能跟亮亮爷爷进行交流，将每天买玩具的习惯改一改，提升孩子的自制力，懂得适当满足或延迟满足。但亮亮爷爷在这个家庭中非常强势，当着亮亮的面给亮亮护短：“你们总是大惊小怪，这么小的孩子满足他的小愿

望能有什么影响？再说了，你们想让他天天哭哭啼啼，我一来不舍得，二来丢不起这个老脸。”亮亮爷爷的态度就如被点燃的爆竹，亮亮父母也拿老人没办法。

这样的情况持续了一个月左右，亮亮爷爷的口袋变成了讨亮亮欢心的“魔法口袋”，亮亮的行为模式在爷爷面前就是“我要什么，你马上满足我”。有一天傍晚，亮亮爷爷急匆匆地赶到幼儿园，因为他忙于其他事务过了接孩子的时间点。由于走得匆忙，他没有给亮亮带玩具。亮亮索要玩具未果后，一下子就躺倒在地上，撒泼打滚外加拳打脚踢，声嘶力竭地喊着让爷爷回去拿玩具。亮亮爷爷没办法，最终打电话给亮亮爸爸，让其送玩具过来才使亮亮平定了情绪。而这时，老师还想对亮亮爷爷说些什么，亮亮爷爷却因好面子急匆匆地离开了。

亮亮的爷爷一味满足孩子，他相信自然成长后的行为改变，殊不知品性、习惯就是在生活小事中慢慢培养起来的。爱需要智慧，包容更需要边界，什么样的要求可以满足，什么时候可以满足，都应有考虑，让孩子不至于变成任性的小霸王。

没有规矩，不成方圆。很多家长都懂得这句话的道理，在实际育儿的过程中却把握不了规则与自由的关系，盲目追求自由、自主，忘了自由是建立在规则之上的基本关系，一味谈所谓的尊重，一味放任自流，一味满足孩子，没有了基本的边界意识，结果就像案例一中的亮亮爷爷一样，在孩子面前没了做家长的威信。

》》 1. 家长的无边界宠溺，很大程度上来自过分相信“自然成长说”

家长往往认为孩子还小，不必太较真，却忘了自然状态下的品格培养最重要的是以身示范，是在成长环境中，在亲子互动中，利用孩子擅长的察言观色来培养孩子优秀的品格。在上述案例中最应该强调的是行为与反应之间的关系。假如孩子以一种不良的品性要挟家长，家长不假思索就允诺，那么就会有第二次、第三次……变本加厉。我们不得不承认孩子是机灵的，他们确实掌握着成人的软肋，而且还知道怎么威胁我们来达到他们的目的。这时候“自然成长”已经成为没了规矩，更别说能成“方圆”了。家长的爱，在孩子眼里没有任何限制，所以他们才会用家长的爱来威胁家长，可谁也没想到，他们同时也在慢慢地摧毁自己。因为在这样的成长环境与教育模式中，最可怕的是孩子在不良品格的养成中慢慢建立和固化的行为模式。像上述案例中的亮亮，已经出现了“无节制”“蛮横无理”“无法变通”等品格问题，如不加引导与改变，将影响其一生。

2. 家长的无边界宠溺，很大程度上来自忽视超前满足和超量满足的危害

随着物质生活的不断丰盈，家长对孩子的物质需求变得有求必应，很少让孩子做到延迟满足。延迟满足是一个心理学概念，是指为了追求更大的目标，获得更大的享受，可以推迟对欲望的满足。美国的心理学家米歇尔在进行多年的跟踪实验后证明，那些能够延迟满足的孩子自我控制能力更强，他们能够在没有外界监督的情况下适当地控制、调节自己的行为，抑制冲动，抵制诱惑，坚持不懈地保证目标的实现。而那些延迟满足能力发展不足的孩子，就会出现我们所认为的一些偏差行为，如边做作业边看电视，上课时东张西望做小动作，放学后贪玩不回家，容易性格急躁、缺乏耐心，进入青春期后，在社交中容易羞怯固执，遇到挫折容易心烦意乱，遇到压力就退缩不前或不知所措。可见，在孩子的成长过程中，需要“延迟满足”。而上述案例中亮亮的爷爷，始终以讨好孩子、用超前满足和超量满足来对待孩子的不合理要求，导致孩子的行为模式出现偏差，孩子的品格也可窥见一斑。

3. 家长的无边界宠溺，很大程度上来自家长养育职责的错位

养育孩子的主要责任应该落在孩子父母的肩膀上，祖父母做好协助工作，做好后勤保障工作。于此，我们不用怀疑祖父母对儿女及孙辈的爱。他们有的背井离乡帮忙照顾孩子，有的舍弃老年悠闲生活承担起了陪伴孩子的重任。他们对于孙辈无疑都是无条件的爱。所以，对于年轻的父母而言，在教育子女这件事上，更重要的是主动承担与亲力亲为，让养育职责错位这件事情不再发生，在亲子养育中做到“爱有智慧，包容有边界”。

知乎上有个超火的话题：为什么说有条件的话，孩子一定得自己带？有条评论说得很好：“孩子从小就需要父母庇护，父母是孩子最好的教师、伙伴及‘玩具’。很多人总以孩子太小没有记忆为由，忙自己的事情。可这段记忆的时光会成为孩子的潜意识，奠定这一生中你和孩子的关系底色。如果一味认为孩子还小，我先忙自己的事，那么就错失了很多见证其品格成型、帮助其纠错、助力其成长的宝贵的瞬间，殊不知孩子就是在一个个瞬间中长大的，错过了可能就需要花更多的时间和精力去补救。”正如上述案例中的亮亮父母，因为工作繁忙而由爷爷作为孩子的主要养育人，结果，在孩子品格形成的关键时期，由于爷爷的宠溺，孩子第一次的不良行为没有被制止，导致孩子的不良行为变本加厉，孩子的行为模式已然有些偏差，往后就需要父母花很多的时间和精力在陪伴中慢慢影响和改变孩子的行为模式。

大量实践和教育研究表明，3 ～ 6 岁是孩子性格形成、品格培养的关键时期。3 ～ 6 岁又被形象地称为“潮湿的水泥期”，顾名思义是给孩子的未来打地基、塑正形的关键期，家长该在正确的时间做正确的事情，抽出一些时间陪伴孩子，在日常生活中培养孩子的良好品格。著名心理学家李玫瑾也曾呼吁：“家长要从生活中的小事来培养孩子的品格。”一个人的品格就是一个人的形象，它是一封无字的介绍信，上述案例中的亮亮通过语言、行为、仪表，每一样都能够看出亮亮正在演绎一个怎样的形象。作为父母，千万不能低估自身在培养孩子品格方面所扮演的角色。正如圣经箴言中的那一句“教养孩童，使他走正当的道，就是到老他也不偏离”。发现及时，为时不晚，及时陪伴，让孩子成长的每一个重要节点都有你的见证。

综上所述，正是因为家长对品格培养不够重视，宠爱缺少边界，过分相信“自然成长说”，轻率地允诺孩子的无理要求，缺少延迟满足，以及种种原因导致家长教养的角色错位，等等，让上述案例中的亮亮出现了品格上的偏差。

案例二 “紧箍咒”式品格培养，高压高控易反弹

桐桐的妈妈是一名小学老师，平时很重视孩子的教育，经常以班级里最优秀的“别人家的孩子”与自己家仅4岁多的孩子比较。有一次，桐桐妈妈打电话给幼儿园老师了解情况，幼儿园老师从参与游戏的积极性、生活自理的独立性、同伴交往的互动性等方面跟桐桐妈妈反馈，电话那头却飘来这样的问话：“老师，您说，我们家桐桐在班级中排名的话可以排第几？假如有什么不良表现请老师严格批评。”老师婉言谢绝了回答她的“排名”问题，从中感受到桐桐妈妈对待孩子养育的高要求、高控制。

中班初期，班级里的孩子们突然兴起了说“屎屁尿”等词，而且越说越带劲儿。我们应知：孩子在某一个阶段对这些话语特别感兴趣是非常正常的，他们带着一股玩味儿，更多的是为了引起别人的注意，成人越制止他们说得越起劲儿，因为他们发现原来语言是有威力的，是可以引起别人关注的。假如不加关注，孩子发现无人理睬便觉得没意思，自然就不说了。可是桐桐妈妈抓着这件事情一定要老师严厉制止班级里的“屎屁尿”风潮，并且当着老师的面警告桐桐：“再说的话，就要打嘴巴！”在接下去的几天里，桐桐妈妈每天询问桐桐在园是否有说“脏话”，桐桐显得情绪低落，因为每天都要被逼问和警告。有一天，桐桐突然对班级里正在说“屎屁尿”的小伙伴一巴掌扇了过去，并且大声地说：“我妈妈说了，说‘脏话’要打嘴巴！”小伙伴哭了，老师惊呆了，老师看到了高压下的管控是多么可怕，但是老师不敢再火上浇油，没有将这件事情告诉桐桐妈妈，因为桐桐头上的“紧箍咒”需要松绑，不然桐桐的内心不舒服，就会在行为上表现出来，以妈妈对待她的方式对待身边的人，这就是“行为复制”。

桐桐很要强，好像很多时候都在扮演着妈妈眼里的乖小孩，但她似乎并不开心。别的孩子爱调皮捣蛋，犯点小错又何妨，而桐桐似乎比同龄孩子懂事很多。有一次，桐桐在玩娃娃家的时候，将一个塑料发夹放在了自己的口袋里，不小心带回了家。当天晚上，桐桐妈妈在给孩子整理衣服的时候发现了，她觉得问题非常严重——怎么可以将幼儿园的东

西带回家呢？小时候偷根针，长大就偷块金！这是非常严重的问题，一定要让孩子认识到自己的错误。于是，她问桐桐："为什么要拿幼儿园的发夹？"一开始就非常严厉，桐桐害怕得哭了起来。不哭还好，一哭就更让其妈妈火冒三丈，桐桐因为害怕就开始躲避锋芒，找借口说是乐乐小朋友送给她的。原本是孩子无意的行为，可以稍加引导，物归原处就没事了，可桐桐妈妈偏偏因为不懂孩子，过于较真，反而催化了一个新的品格问题——为了保护自己而编谎话。

品格教育就蕴含在生活事件之中，需要家长"蹲下身"，放下自己高高在上的身段，让孩子明白规则的目的和背后的道理，而不是强制性地灌输给孩子，强迫他们执行。正如上述案例中的桐桐妈妈，她的高要求只会给孩子过多的心理压力，让孩子生活在妈妈的高压下，让孩子的童年失去了很多欢声笑语。当然，谁都想当好父母这个角色，只是很多时候以"为孩子好"为理由，不知不觉做了很多不合理的事情。一个能爱人、爱世界的孩子，是从爱护和看重自己开始的，而家是这种能力的源头。父母需要审视自我，觉察自己的育儿方式可能存在的问题，了解育儿行为不得当的原因。

1. 在孩子品格教育过程中喜欢高控的家长，需要检视自己的童年

作为父母，对于养育孩子这件事情，即为上一代的传承。父母自己在怎样的环境中长大，受过怎样的家庭教育，都将有意无意地投射到对下一代的养育过程中。父母需要检视自己：从小是在被爱、被肯定还是在不被爱、不被肯定的环境下长大的？跟父母的关系如何？父母是慈爱还是严厉的？原生家庭对于人的影响是巨大的，当然也不可否认经过学习可以让自己变得更好，其中包括家庭中良好亲子关系的建立。上述案例中桐桐妈妈这样的高标准、严要求让旁人看了唏嘘不已，然而她自己未必能够觉察。她也许认为"我要桐桐做一个好孩子"这个目标不会遥远，她也许认为"我要杜绝孩子的不良行为"是理所当然的，但她一定没有觉察到她的言行举止正像紧箍咒一样套住了桐桐，桐桐内心的压抑可想而知。作为家长，应该要觉察自我，觉察言语中对家人是否有伤害，

觉察自身态度对家人是否有压力，觉察关系中是否平等、友善且有较多对话、商量的空间。不管家长自己的童年怎样，都不要停止和拒绝自我成长，这样才有能力爱自己后有余力爱别人。我们能改变的只有自己，自己变了这个世界就随之变了。世界级设计大师山本耀司说：“自己这个东西是看不见的，撞上一些别的什么，反弹回来，才会了解自己。”作为家长，应学会在养育孩子的同时不断看见自己，让自己变得更好，并将正能量传递给孩子。

2. 在幼儿品格教育过程中喜欢指责的家长，需要明白孩子的世界同样不是非黑即白的

成长就是看到事物的多面性，所以家长需要思考并理解孩子出现这样、那样的情况原因何在，孩子的问题一定不仅仅是“对与错”的问题，不是非黑即白的。上述案例中的桐桐误拿了发夹的事件，对于4岁多的孩子来说，她也许真的只是不小心放进了自己的口袋，也许真的只是因为自己的一时喜欢，没有必要以“道德界限”来绑架孩子。如果桐桐的妈妈能够理解孩子，依据儿童的泛灵心理，用拟人化的口吻说：“哎呀，发夹今天不小心迷路了，明天请桐桐送它回幼儿园的家。”桐桐既明白公共的东西使用后要物归原处的道理，或许也会欣然接受“幼儿园的东西不能拿回家”的规则。语言是能量转化的特殊媒介，如果家长想成为孩子面前有影响力的人，就必须先和孩子建立起信任、平等的关系。没有这个前提，所有的影响都不可能发生，因为孩子感觉到家长的批判时会启动防御机制，会把心门关上。这个时候，无论家长后面说什么，家长说的内容多么正确，孩子都会拒绝接受。

3. 在幼儿品格教育过程中忽视孩子感受的家长，需要认清孩子终究还只是一个孩子

当父母大喊尊重的时候，不妨多读一读孩子本身这本书，他只是一个孩子，不要任意拔高，不要过分要求，要多听听孩子的感受，理解孩子行为背后的原因。上述案例中的桐桐跟大多同龄孩子一样经历着污秽语言敏感期，俗称“‘屎屁尿’疯狂乱炸期”。原本童言无忌，一笑而过，可是桐桐的妈妈特别较真，用打嘴巴的惩罚方式来控制桐桐，桐桐的行

为表现中出现了家长的“行为复制”，其他小朋友说“屎屁尿”时，桐桐就学妈妈的动作打了同伴的嘴巴。可见，孩子需要被理解、被呵护才能健康成长，反之则会背道而驰。家长用怎样的方式对待孩子，孩子就可能会用同样的方式对待身边的人。

马斯洛需求层次金字塔模型中，将“归属与爱的需要”列为人的重要心理需要，这是一种精神需要，一种对心灵家园的渴望。所以，家长在孩子的品格培养中，不妨试试放下自己的绝对权威，认真思考孩子的想法到底从何而来。家长令人窒息的控制欲，会成为孩子的灾难。在幼儿品格教育过程中忽视孩子需要的家长，眼中没有孩子。案例中的桐桐妈妈用高控、指责的教育方式，完全忽视了桐桐的感受。孩子不应该被培养得像成年人一样，而应该有更多的可能性，有更多的玩耍和创造的机会。父母与孩子的互动是人性深处的联结，努力成为引导在先、真正用爱滋养孩子的“园丁”式父母，创造一个自由的养育环境，营造变化、多样和充满活力的生态系统，培养一个有能量感的孩子，孩子的未来才会不可限量。

案例三　言传身教式品格培养，以身示范效果佳

甜甜今年5岁，身边很多朋友都夸甜甜有爱心、懂规则、爱劳动、懂礼貌，给人的感觉阳光、温暖、有教养。甜甜的妈妈是怎样引导的呢？

甜甜妈妈认为，孩子的品格培养应从小抓起。她说：“品格培养要在孩子接触这个社会、与人发生互动的过程中，潜移默化地进行。”品格培养包含方方面面，比如爱心、规则、文明礼仪、心理健康等。甜甜妈妈在平时的生活中，看到有需要帮助的人就会伸出援手，尽自己的一份力量。跟甜甜一起去图书馆、博物馆等场馆，甜甜妈妈就会示意甜甜轻声走路、轻声说话、文明参观。在马路上行车、走路，甜甜妈妈不仅遵守交通规则，而且时常引导甜甜养成文明习惯。在家中，甜甜妈妈主动承担劳动，并提醒家庭的每一个成员都要为家庭付出劳动，这是一种责任，不是包揽所有，也不是全然不顾。甜甜妈妈还非常关注甜甜的心理健康，从小引导甜甜：爱、喜欢、开心要大声说出来分享；伤心、生气等情绪也要说出来，我们一起解决，如果这些情绪待在身体里太久，

身体会生病。引导孩子表达情绪，识别和调节情绪，让孩子从小学会阳光、积极地与自己、与他人、与社会相处。

甜甜妈妈觉得很多时候孩子不愿意做某事，或者出现不按常规的表现，其实是有原因的。不妨细细观察孩子，读懂孩子的行为背后隐藏的原因。比如，当引导孩子有礼貌地跟熟悉的人打招呼时，很多家长会这样说："你快叫人呀！这孩子没礼貌。"成人对孩子无情的评价会让孩子更加不愿意跟别人打招呼。殊不知孩子不跟刚刚见面的陌生人打招呼是有原因的，有的孩子天生就有一种防御能力。甜甜妈妈总是自己先热情、大声、放慢语速、非常正式地跟对方打招呼，同时会跟甜甜说："这是妈妈的好朋友慧慧阿姨，在你小的时候她还抱过你呢！"慧慧阿姨笑眯眯地说："甜甜，你长大了，还是跟小时候一样可爱。"甜甜妈妈没有一味要求甜甜打招呼，没有用"是否有礼貌"对甜甜进行评判，而是先让甜甜熟悉，放下戒备，理解这是妈妈熟悉的、友好的大朋友。甜甜解除了内心的戒备，自然就会有礼貌地朝阿姨微笑并打招呼。由此可见，甜甜妈妈想要让孩子养成有礼貌的品格，首先要做的是读懂孩子并适时助推。

甜甜妈妈的榜样示范还体现在"向书本中的优秀榜样学习"，她认为很多品格教育的契机都在书本里。甜甜从小就跟着妈妈一起阅读，在童话世界里体会每一个场景中的真、善、美，在故事情节中体会和表达自我的感受，在幼小的心灵里种下一颗辨别是非的种子。甜甜妈妈发现，很多时候甜甜会在故事中寻找答案来解决自己的问题，比如甜甜在看完《亲爱的小鱼》绘本后，就问妈妈："小猫咪那么喜欢吃鱼，她为什么不吃了小鱼，还把它当成好朋友，天天想念它呢？"甜甜妈妈带领甜甜再读故事，感受故事里暖暖的爱，让她从故事中意会到被人关心的温暖，从而也学会关爱别人。

甜甜妈妈在孩子的品格培养方面注重言传身教，对孩子尊重、理解、有爱，在潜移默化中，甜甜正阳光、温暖、积极向上地成长着。

《3～6岁儿童学习与发展指南》中指出："幼儿的社会性主要是在日常生活和游戏中通过观察和模仿潜移默化地发展起来的。"成人应注重自己言行的榜样作用，避免简单生硬的说教。案例中的甜甜妈妈无疑在品格培养方面有着独到的见解和做法，教育方法是科学有效的。在生活中，以身作则，身教重于言教，同时懂得观察和理解孩子的内心世界，懂得向优秀的儿童文学作品借力，避免了“唠叨太多”或“放任自流”，在教育孩子方面做得恰到好处。

1. 家长以身示范，要求孩子做到的，家长首先要做到

著名心理学家李玫瑾曾说：“孩子的所有表现基本上是一个折射，折射出父母的水准。”可见父母就是孩子的一面镜子。《3～6岁儿童学习与发展指南》中指出：“幼儿在与成人和同伴交往的过程中，不仅学习如何与人友好相处，也在学习如何看待自己、对待他人，不断发展适应社会生活的能力。”上述案例中，不管是“愿意与人交往”“能与同伴友好相处”“懂得关心尊重他人”等人际交往方面的品格，还是“喜欢并适应群体生活”“遵守基本的行为规范”等社会适应方面的品格，甜甜妈妈都以自身的行为影响孩子，给孩子树立榜样。家长作为孩子的第一任老师，要给予模仿、同化、强化、体验的机会。案例中的甜甜妈妈特别注重在社会场景中引导孩子遵守规则，比如到图书馆、博物馆要轻声说话，不打扰别人是一种美德。而这一些如果仅仅是“说教”，对孩子来说并不能较好地接受。也就是说，要求孩子做到的，家长首先要做到。家长用自己的品格影响孩子，让孩子的身边多一个可以直接模仿的重要对象，并能得到及时的鼓励，让孩子感觉到自我努力得来的成功感、胜任感。

2. 家长以心交心，提出建议前，先读懂孩子再适时助推

很多家长在教育孩子时，权威意识过重，以成人高高在上的姿态指点孩子。孩子会因为不被理解和尊重，最终以叛逆来抗争。案例中的甜甜妈妈非常理解孩子的心理，比如在引导甜甜有礼貌地与别人打招呼时，她意识到甜甜可能会有陌生人焦虑，她懂得陌生人焦虑让孩子只接近对自己成长有利的人，让自己与那个人产生情感上的联结和依附，并从那种依附里发展安全感。孩子逐渐学会分辨他人，信任他人。孩子需要被尊重，但现实生活中，有些家长会在众人面前数落孩子，直接给孩子贴标签，把诸如“没礼貌”“不听话”“捣蛋鬼”等标签毫不犹豫地往

孩子身上贴。家长一时嘴快，却没有考虑孩子的心理感受。很多时候，家长以让孩子羞愧为目的，用意是让孩子长记性，但真的有用吗？答案是不！语言暴力带给孩子的伤害，只会让孩子越来越没有信心做好自己，让孩子觉得自己很渺小，同时他长大后也不会正视他人的想法、情绪和感觉，造成恶性循环。假如家长一味指责孩子的品格问题，那么孩子会遇到成长中的又一个难题——罪恶感。当孩子依据自己的想法去做某事时，家长如果不理解，一味指责，不仅不能让孩子养成家长所期待的品性，而且会让孩子觉得愤怒，觉得自己太差劲，就更加不顺从了。总而言之，家长的不理解会让幼小的孩子产生“自己的感觉是错的”的罪恶感，今后他也可能不再相信美好。

3. 家长以书借力，寻找间接榜样，相信童话，相信美好

在孩子的品格培养过程中，家长要学会借助间接榜样，既引导孩子爱上阅读，又从书中汲取品格培养的营养。《3～6岁儿童学习与发展指南》中建议：“利用相关的图书、故事，结合幼儿的交往经验，和他讨论什么样的行为受大家欢迎，想要得到别人的接纳应该怎样做。”可见，榜样的存在可以有多种形式，可以是身边的重要他人，也可以是内涵丰富的书籍。一个人的阅读史，往往就是他的精神成长史和能力发育史。精神发育应指精神层次的发展，是一个人从认识、体验、思考、行动的低级层次向高级层次的变化，是一个人形成对自我生命的准确把握能力和自我调整能力的过程。上述案例中的甜甜妈妈，根据中班孩子的年龄特点选择适合孩子的绘本故事等低龄读物，让孩子从小养成爱看书的习惯，孩子能置身书中的故事情节，并且家长可以就故事情节与孩子交流讨论，联系生活实际启发孩子初步的价值观，引导孩子正确看待事物、表达观点，形成良好的品格。

综上，甜甜妈妈的案例让我们看到了言传身教式品格培养的基本样态，家长一定要记住：要求孩子做到的，家长首先要做到，观察孩子并走进孩子的内心，引导孩子向身边的榜样学习，不管是直接的以身示范还是间接的榜样力量，都能让孩子感受到模仿学习、潜移默化带来的影响力。相比“放任自流”式、“紧箍咒”式的品格培养方式，言传身教

式是孩子最愿意接受，也最有效的方法，其建立在理解和尊重孩子的基础之上，要求家长做到平等地看待孩子与自己。家长既是受孩子青睐的学习者，又是孩子赖以寻求帮助的支持者。

了解孩子

一、读懂“孩子”这本书

4～5岁是幼儿园中班的年龄，4岁以后孩子的心理发展出现较大的飞跃。4～5岁的心理发展比3～4岁迅速得多。4～5岁的孩子是学龄前期承上启下的阶段，也是孩子身心发展的重要时期，这一时期的孩子有其特有的年龄特点。经历了懵懂、稚嫩的小班期，到了中班，家长会感觉到孩子有了很多变化，随之而来的是孩子越来越多的成长，比如孩子的有意行为开始发展，规则意识开始萌芽，更重要的是孩子在生活中逐渐学会了交往。那么，中班孩子在品格培养方面呈现哪些特点呢？

1. 最初的责任感开始萌生，但还不持久

4～5岁的孩子开始能接受成人比较清晰的指令，能完成一些力所能及的任务，集中精力从事某种活动的时间也较以前更长。中班集体活动时间为25分钟左右，在幼儿园里，可以学当值日生，开始理解值日工作是自己的任务，负责分发图书、摆放桌椅等。在家里，能够收拾自己的玩具、用具，并能帮助家人收拾碗筷、折叠衣服等。什么事都要自己来做，“让我自己来”是他们的口头禅，而且表现出比较强烈的“我能行，我来做”的愿望，表明此时孩子已出现了最初的责任感。中班孩子对自己或别人完成任务的质量开始有了一定要求。中班孩子学习承担任务需要成人不断激励和助推，否则就会中途放弃“工作”，比如乐乐小朋友进入中班后就热衷于整理午睡室小朋友的鞋子，因为乐乐曾经因此被老师好好地在集体面前表扬了。回到家后，乐乐也开始把家中的鞋子一一对应，摆放整齐。乐乐妈妈把乐乐整理鞋子的照片发给老师，老

师又一次表扬了乐乐，并且告诉乐乐妈妈乐乐在幼儿园有整理鞋子等爱整理的良好习惯。从此以后，乐乐不管在家里还是在幼儿园，都会主动摆放鞋子。可见，乐乐因家庭和幼儿园的激励强化，让其感受到整理这件事情带给他的快乐，从而养成了整理的习惯。

2. 规则意识开始萌生，但须提供具体化要求

经过集体生活的规则养成，4～5 岁的孩子懂得了洗手要排队、依次玩玩具等规则。当他们与人相处时，表现得更有礼貌，会主动说“谢谢”“对不起”等；看到别人违反规则，他们也会表现出告状的行为，会指出别人的不足。但此时他们的是非观念仍很模糊，只知道受表扬的是好事，受指责的是坏事，喜欢受表扬，听到批评会不高兴或感到很难为情。这就要求家长的道德标准应该具体化。何为具体化呢？简单来说，需要孩子遵守的规则应该具体到怎么做，让孩子有章可循，比如要求孩子玩好玩具收拾整理，就要提出归类摆放、物归原处等具体的要求和可以供孩子参照的原型。在幼儿园里，孩子的玩具柜都会贴上标签，以便让孩子按标签摆放柜子上的玩具盒。在家里家长也可以跟孩子一起商量，一起开展标签的选择和制作，共同完成玩具归类摆放、自主收拾整理等工作。

3. 交往行为迅速递增，但缺少交往技巧

4～5 岁的孩子开始有了好伙伴，经常三五成群在一起玩，且在活动中经常会为同一个游戏主题而出现交往行为。他们喜欢和同伴一起玩，会与同伴共同分享快乐，逐渐出现团队中的领导者。可见，从 4～5 岁开始，幼儿的人际关系发生了重大变化，从主要是和成人结成的关系开始向同龄人关系过渡。当然，这时的同伴关系还只是最初级的，结伴对象很不稳定，孩子受成人的影响仍然远远大于同龄人的影响。在交往过程中，当意见分歧的时候，孩子还缺少一定的交往技巧，往往不知道通过哪些交往方式可以找到好朋友，不知道哪种交往方式是正确的，容易发生争执和攻击性行为。这就需要家长正确对待，在实际生活中耐心地多教孩子一些正确的交往方式，多鼓励孩子，不要采取简单的方式去制止和责备。

4. 具有丰富的想象力，但需要引导区分现实与想象

4～5岁的孩子活泼、好动且富于想象，难以分清假想和现实，他们常常会把看到的内容融入自己的想象，如去游乐园玩的时候，孩子可能会一本正经地跟妈妈说："这个地方我来过了，我一个人来的，我还在这里坐了摩天轮……"他们有时会"撒谎"，但并不是真正意义上的撒谎，只是用想象代替真实。有时他们会因想象而缺乏安全意识，比如当看到小鸟会飞时，孩子会想象自己也会飞。家长要关注孩子的自我保护，引导孩子正确认识现实与想象之间的关系。

5. 思维具体形象，在体验中逐步树立品格

4～5岁孩子的思维具有具体形象的特点，在理解成人的语言时，他们时常须依据具体的经验，比如说"待人接物要文明"，对于孩子来说这是一句抽象的话，家长须帮助孩子在具体情境中感受什么叫"待人接物"，什么叫"文明"。孩子是在社会生活中通过潜移默化的方式习得社会经验的，因此需要家长将一些抽象的要求具体化，引导孩子在体验中逐步树立良好的品格。

二、培养目标要清晰

对于《3～6岁儿童学习与发展指南》社会领域的培养目标，家长可以参照并对孩子进行引导，但要尊重孩子发展的个体差异性，要特别注意孩子发展的连续性和阶段性，不揠苗助长，要努力为孩子创造一个可以让他们从容地从"量变"到"质变"的环境，让每一个孩子都可以按照自己的速度、自己的节奏获得实实在在的发展。

1. 人际交往方面

依据《3～6岁儿童学习与发展指南》精神，幼儿社会领域的学习与发展过程是其社会性不断完善并奠定健全人格基础的过程。人际交往是幼儿社会学习的主要内容之一，也是社会性发展的基本途径。孩子在与成人和同伴交往的过程中，不仅学习如何与人友好相处，也在学习如何看待自己、对待他人。家庭、幼儿园和社会应共同努力，为幼儿创设

温暖、平等的家庭和集体生活氛围，建立良好的亲子关系，让孩子在积极健康的人际关系中获得安全感和信任感，发展自信和自尊，在良好的社会环境及文化的熏陶中学会遵守规则。以下是人际关系的基本目标、具体内容及品格培养建议。

基本目标	具体内容	品格培养建议
目标一：喜欢交往	1. 喜欢和小朋友一起游戏，有经常一起玩的小伙伴 2. 喜欢和长辈交谈，有事愿意告诉长辈	主动亲近和关心孩子，经常和孩子一起参加游戏或活动，让孩子感受到与成人交往的快乐，建立亲密的亲子关系
目标二：能与同伴友好相处	1. 会运用介绍自己、交换玩具等简单的交往技巧加入同伴的游戏 2. 对大家都喜欢的东西能做到轮流分享 3. 与同伴发生冲突时，能在他人的帮助下和平解决 4. 活动时愿意接受同伴的意见和建议 5. 不欺负弱小	鼓励孩子参加小朋友的游戏，邀请小朋友到家里玩，感受有朋友一起玩的快乐
目标三：具有自尊、自信、自主的表现	1. 能按自己的想法进行游戏或其他活动 2. 知道自己的优点和长处，对自己感到满意 3. 自己的事情尽量自己做，不喜欢依赖别人 4. 敢于尝试有一定难度的活动和任务	多给孩子提供自由游戏的机会，鼓励孩子自主选择活动内容及决定活动的进程，适当给予一定的挑战任务
目标四：关心、尊重他人	1. 会用礼貌的方式向长辈表达自己的要求和想法 2. 能注意到别人的情绪，并有关心、体贴的表现 3. 知道父母的职业，能体会到父母为养育自己所付出的努力	善于倾听孩子，给孩子表达的机会；经常引导孩子感受他人的情绪，让孩子学习换位思考；懂得珍惜劳动成果

2. 社会适应方面

《3～6岁儿童学习与发展指南》中建议家长经常和孩子一起参加群体性的活动，让孩子体会群体生活的乐趣，丰富其群体生活的经验。成人要遵守社会行为规则，为孩子树立良好的榜样。结合社会生活实际，帮助孩子了解基本行为规则或其他游戏规则，体会规则的重要性，学习自觉遵守规则，教育孩子要诚实守信。吸引和鼓励孩子参加集体活动，推动集体意识萌发等。以下是社会适应方面的基本目标、具体内容及品格培养建议。

基本目标	具体内容	品格培养建议
目标一：喜欢并适应群体生活	1. 愿意并主动参加群体活动 2. 愿意与家长一起参加社区的一些群体活动	带领孩子参加亲戚、朋友和同事间的聚会以及适合孩子参加的社区活动等，支持孩子和不同群体的同伴一起游戏
目标二：遵守基本的行为规范	1. 感受规则的意义，并且能基本遵守规则 2. 不私自拿不属于自己的东西 3. 知道说谎是不对的 4. 知道接受了的任务一定要完成 5. 在提醒下能节约粮食、水电等	答应孩子的事情一定要做到，以身作则尊老爱幼，爱护公共环境，节约用水，等等；经常和孩子玩规则游戏；利用图书故事了解社会行为规则；及时表扬孩子表现出来的遵守规则的行为
目标三：具有初步的归属感	1. 喜欢自己所在的幼儿园和班级，积极参加集体活动 2. 能说出自己家所在地的省、市、县（区）名称，知道当地的有代表性的物产或景观 3. 知道自己是中国人 4. 奏国歌、升国旗时能主动站好	经常让孩子介绍班级有趣的活动，带孩子走进家乡名胜古迹，带孩子参加有仪式感的升旗仪式

以上是《3～6岁儿童学习与发展的指南》中关于社会领域培养目标的内容，而非标准，每个孩子都有其成长的速度，每一朵花都有其花开的节点，以尊重个体差异为前提促进孩子成长。

三、孩子心声要倾听

4～5岁的孩子也有烦恼，他们很少有机会表达自己内心真实的想法。有心的家长不妨去做个采访，了解一下孩子的心声。以下是笔者在幼儿园采访了中班的孩子选取的一些话题。

序号	孩子话题	品格教育思考点
1	我做错事情了妈妈总是会骂我，妈妈是不是不爱我了呢	对孩子的品格教育要建立平等、尊重的样态，要关注“成人以怎样的方式对待孩子”恰恰使孩子模仿学习并起到负能量传递的危害
2	我的爸爸总是自己玩手机，不陪我玩	在品格发展关键期，父母应给予陪伴与互动，带领孩子在游戏、生活、社会体验中习得品格教育的方方面面
3	我妈妈有了弟弟后就不抱我了，我好伤心	中班的孩子开始有“嫉妒”心理产生，成人要关注孩子的心理需求，并引导孩子将内心感受说出来

续表

序号	孩子话题	品格教育思考点
4	我妈妈总是让我跟我不认识的人打招呼，可是我不认识他，我害怕	成人要理解孩子的陌生人焦虑，允许孩子建立防御机制，给孩子缓冲的时间
5	妈妈总是说阿姨家的姐姐乖，说我不乖，我不开心	品格培养中，成人对孩子的评价须谨慎，多纵向比较，少横向比较，多鼓励孩子的个体成长变化
6	爸爸妈妈总是催我“快快快”，我有时候都不知道要做什么了	依据孩子的节奏，锻炼孩子能力，而不是一味催促
7	我不想把我最喜欢的芭比娃娃送给邻居妹妹，但是妈妈没经过我同意就送走了	4～5岁的孩子分享，家长须建立在“孩子想要分享”的基础上
……	……	……

4～5岁的孩子在成长阶段中需父母承担第一任老师的角色，家庭是爱的学校，家庭教育是孩子成长过程中良好品格形成的关键性因素，对孩子今后的成长和发展有着不可忽视的影响。所以，在家庭教育中，父母要注重孩子个性的形成和发展并加以引导，帮助孩子形成良好的品格，为孩子的健康成长奠定基础。

实施指南

幼儿阶段是人塑造良好品格的重要时期，所以家长应该为孩子创造一个良好的家庭教育环境，以身作则，以正确的方式对孩子进行约束和管理，促进孩子良好品格的形成。下面是促进孩子良好品格发展的有效方法，供家长选择。

一、以身作则，正确管束

孩子的模仿能力很强，家长是孩子模仿的主要对象。家长要以身作则，为孩子树立良好的榜样，比如家长不要在孩子面前随便议论别人；家长说话要算数，不要随便承诺，一旦承诺就要做到；家长在餐桌上要注意餐桌礼仪；家长在家中要用实际行动关爱老人；家长在日常生活中示范好垃圾分类，遵守交通法规……对一些涉及是非的问题，家长要认真给孩子讲清道理，让孩子明白对在哪里，错在哪里，不要含糊其辞。

二、注重关爱，及时鼓励

良好的家庭教育氛围是孩子良好品格形成的关键性因素。不管孩子成长过程中是面对成功还是失败，家长都要对孩子进行鼓励，尊重孩子的主观意愿。随着孩子年龄的增长以及心智的逐渐发育，家长应该让孩子掌握自己思考和决策的能力，使其学会独立。

三、平等沟通，循循善诱

保持亲子间的良好沟通应该从孩子小时候开始，因为信任，所以选择说实话，从被尊重中学会礼仪。保持亲子间的平等沟通，循循善诱，让孩子感受到亲子沟通中的尊重与理解，孩子才愿意跟大人沟通。平等沟通带给孩子被尊重的感觉，孩子从被尊重中学会如何去尊重他人。尊重他人这一品性就是在家庭或社会模仿中不断发展起来的。

四、情境体验，适时助推

家长要在生活情境中让孩子感受和体验特定的约束行为，做到不影响他人。例如大人在商量事情的时候，孩子不要打扰；在图书馆或在公共场合不要大声呼喊，影响他人；在别人需要独处的时候安静离开，不随意干扰……要求孩子做到的品行，家长要把孩子带入情境，或换位思考，或情境体验，使孩子切身体会到遵守社会规则的重要性，从而慢慢养成良好的行为习惯。

五、共情陪伴，赋能孩子

在陪伴孩子成长的过程中，要学会运用共情，即同理心，理解孩子的感受，并赋能予孩子。在爱的氛围中长大的孩子更会爱别人，形成健康的人际关系和较强的社会适应能力，形成良好的品格。比如家长可以真诚地回应孩子——你是不是因为没有做好这件事情而感到难过？那么我们想想，怎样让事情变好？家长不仅去理解孩子的感受，而且赋能予孩子，找寻合适的方法。

六、建立规则，引领自省

作为家长，我们要明白孩子是可以批评的。那么什么是批评呢？首先，批评是一种反馈，对孩子行为、表现的回应；其次，正确的回应该有建设性的建议、有益经验的梳理。要帮助孩子建立规则，引导孩子将注意力放在行为上，放在如何变得更好上，这样才能引起孩子自省。批评的语气不应带讽刺和羞辱，而是平和的；指出错误事件本身，不要指向孩子个体，以免引起孩子强烈的羞耻感。

延伸拓展

一、阅读推荐

1.《让孩子安心做自己》（作者：李坤珊；出版单位：长江少年儿童出版社）

推荐理由：每一个孩子都是一个谜，每一个孩子也都充满着惊喜。爱从来不是个问题，重要的是如何去爱。所幸，只要你了解他，如何爱他就有道路可走。这本书就是在这个基础上，为你所写。“孩子，我要你安心做自己”。在这本书中的目录中，有各类关于品格的章节，如“如何让孩子乖乖听话”“孩子说谎怎么办”“不逼，也能教会孩子打招呼”等内容。正如本书的题目——《让孩子安心做自己》一样，全书就是以一位母亲、一位幼儿园老师的眼光欣赏地看待孩子的成长，理解并助推孩子的发展。

> >> 2.《园丁与木匠》(作者:[美]艾莉森·高普尼克;出版单位:浙江人民出版社)

推荐理由：这本书给焦虑的现代家长的最大启示在于：孩子不应该被培养得像成年人一样，而应该有更多的可能性和不可预测性，有更多的玩耍和创造的机会。努力成为“园丁”式家长，创造一个自由的养育环境，营造变化、多样和充满活力的生态系统，孩子的未来不可限量。

“园丁”与“木匠”是家庭教育中的两个截然不同的家长角色：在孩子养育过程中，“木匠”式的家长会把孩子视为“木头”，把“木头”磨成方的或磨成圆的，塑造成既定的造型，而忽略了孩子的感受;“园丁”式的家长会根据孩子的特点，把孩子当成需要细心照料、按照规律和特点生长的花朵，像园丁一样促进孩子的成长，并懂得依据花期静待花开。

> >> 3.《孩子，把你的手给我》(作者:[美]海姆·G.吉诺特;出版单位:北京联合出版公司)

推荐理由：好的家长可以帮助孩子成为一个品质高洁的人，一个有着怜悯心、敢于承担责任和义务的人，一个有勇气、充满活力、正直的人。成为好的家长需要技巧，如何获得并使用这些技巧就是这本书的主要内容。

二、亲子游戏

> >> 1.勇攀高峰

适合年龄：4岁以上

准备道具：孩子自己喜欢的小物件

游戏方法：

①家长首先扎马步，双手张开。

②在家长的头上放置一个孩子感兴趣的物件，鼓励孩子通过攀爬获取物件。

③孩子探索运用各种方法获得物件。

2. 小魔法师

适合年龄：4 岁以上

准备道具：纸做的“魔法帽”、扫帚、抹布

游戏方法：

①一起给家里定一个“魔法日”，如每周的星期六。家长准备好足够多的扫帚、抹布等清扫工具，让孩子自己挑选最喜欢的扫帚或抹布来做“魔法道具”。每个人负责打扫自己的房间，比比谁的“魔力”最强，把自己的房间变得最干净。

②评出“魔力”最强的“魔法师”，他将能戴上象征着荣誉的“魔法帽”。开始，为了鼓励孩子可以让孩子赢几次；之后，如果孩子落后了，可让孩子自己找出不足并进行弥补。

3. 小鬼当家

适合年龄：4 岁以上

准备道具：无

游戏方法：

①先问一问孩子在衣、食、住、行、玩几个方面有没有尝试当家做主的愿望。如果有，不妨和孩子一起列出一个清单，比如决定自己每天穿什么衣服，尝试一下去超市帮助购物，拥有一个可以自由使用的小抽屉，决定周末的安排，等等。

②如果孩子希望自己做主的项目很多，根据清单看看能否做一个小计划，将清单的项目相应地安排一个主题周或主题月来做重点尝试。比如若孩子希望自己决定每天穿什么衣服，就可以为孩子定一个“想穿就穿时尚周”。

③开始前了解清楚孩子自主决定的底线，满足底线的都要接受。如在实施“想穿就穿时尚周”的计划之前，家长首先要了解孩子是否知道冷暖，只要达到这个底线，就可以同意孩子的想法。但同意之后，家长就要耐心应对接下来可能发生的事，例如孩子可能会模仿电视人物的滑稽穿着，或者要把只适合去动物园穿的衣服穿到幼儿园等。

④如果对于一件事情，孩子觉得一个主题周下来还没有过足瘾，也可以将时间适当延长。

⑤家长除了耐心、宽容，还需要在可能出现麻烦的时候出招拉小鬼一把。比如哪天小鬼因为“要风度而不要温度”穿得过于单薄，家长就要跟他商量带一些厚衣服备用。

⑥对于其他的小鬼当家的项目，实施的原则也是一样的。尤其是最开始，小鬼也许会把家当得有些糟，但学什么都得交学费，家长不妨把目光放长远些，因为能练出小鬼的决策能力，这是很划算的事情。

评估改进

一、自我评估

亲爱的家长朋友，在陪伴孩子成长的过程中，品格教育无处不在。稚嫩的孩子需要我们呵护与引导，假如不加注意，可能会错过品格教育的契机，一不小心伤害到孩子。所以，请家长依据以下自我测试的问题，认真比对并选择。测试不是评判，而是起到自我觉察和自我改变的作用。

1. 您如何看待孩子的品格培养问题？（　　）

A. 孩子还小，不必太较真　　B. 越早介入越好

C. 发现问题及时介入　　D. 视孩子的情况决定

2. 您每天陪伴孩子、与孩子互动的时间是多少？（　　）

A. 全天陪伴　　B. 不少于 2 小时

C. 不少于 1 小时　　D. 不少于 30 分钟

E. 少于 30 分钟

3. 在家中，您一般通过哪些方式进行品格教育？（　　）（多选题）

A. 儿童绘本　　B. 言传身教

C. 社会榜样　　D. 生活实际中练习

E. 制定家规　　F. 品行评价

4. 您认为对孩子进行哪些方面的品格培养非常重要？（　　）（多选题）

A. 爱心　B. 规则　C. 文明礼仪　D. 劳动教育　E. 心理健康

5. 当孩子遇到挫折时，作为家长的您会怎么做？（　　）（多选题）

A. 批判孩子能力不足　B. 了解情况，做出分析

C. 找出原因，一起面对　D. 鼓励孩子不气馁

6. 当孩子说班级中有人欺负他时，您会怎么处理？（　　）

A. 直接找对方家长

B. 直接找班级教师

C. 带孩子一起找对方家长

D. 先了解事情缘由，再向教师反映

7. 当老师向您反映孩子出现拿别人东西情况时，您会怎么处理？（　　）

A. 直接打一顿

B. 责骂

C. 问清拿东西的原因，再惩罚

D. 问清原因，讲清利弊，向他人赔礼道歉

8. 当孩子不愿意与人打招呼时，您会怎么做？（　　）（多选题）

A. 家长自己先示范打招呼

B. 批评孩子“没礼貌”

C. 先带孩子熟悉一下，再打招呼

D. 随便孩子，不加引导

9. 当孩子犯错时，您是怎样与孩子沟通的？（　　）

A. 大发脾气，指责

B. 惩罚孩子不能参加最喜欢的活动

C. 引导孩子表达自己的想法，并分析事件

D. 放任自流，不闻不问

10. 在孩子的品格培养方面，您觉得自己做得最棒的是什么？（　　）（多选题）

A. 让孩子成为他自己　　B. 陪伴中关注孩子的内心感受

C. 及时鼓励，给予信心　　D. 愿意等待，积极引导

【评估参考】

1.B　2. 无固定答案　3. 无固定答案　4.ABCDE　5.BC

6.D　7.D　8.AC　9.C　10. 无固定答案

分析：在以上题目中，若您答对得越多，说明您在孩子品格培养方面做得很好；若您答对的比较少，说明您在孩子品格培养方面还需改进。

二、改进计划

亲爱的家长，在完成以上测试后，您是否觉察到自己的行为有值得点赞的亮点，或者有需要改进的地方呢？如有，请在以下亮点回顾和改进计划的框架中记录与计划，并让孩子参与评价。

1. 请回顾您在培养孩子养成良好品格方面做得不错的地方。

2. 请列出您在培养孩子养成良好品格方面做得不够好的地方，并列出改进计划。

第六专题 生活丰富养兴趣

4～5岁的孩子正处于求知欲旺盛的关键期，他们对新奇的事物、有趣的现象充满了好奇心与探究欲望，他们对外界事物、各类活动的兴趣不断增强。俗话说“兴趣是最好的老师”，当孩子对一个事物或者某类活动有充分的兴趣时，他就有可能对其产生持续的学习与探究内在的动力。每一位家长应该都希望自己的孩子在成长过程中拥有多种兴趣，更是期待这些兴趣能成为孩子将来幸福生活的一部分。但现实生活中，很多家长对于兴趣培养存在一定的误解：或认为兴趣对于孩子的成长来说无关紧要，或只支持孩子技能类的兴趣培养，又或是简单地将兴趣培养等同于上兴趣班。其实不然，兴趣可以是多个领域、多个维度的，它是孩子学习动力的来源，对于孩子来说有着多方面的积极教育价值。

要想对4～5岁的孩子进行适宜的兴趣培养，需要家长做个生活中的有心人。本专题，我们一起通过案例来解读4～5岁孩子的兴趣培养重点，共同分析探讨、获取有效的兴趣培养策略。

案例分析

案例一 唯“学习”论，忽视生活与兴趣

小虎的爸爸妈妈都是自由创业者，从一间小小的改衣坊到一个服装铺，再到现在的小型服装加工厂，夫妻俩一路共同努力，互相扶持，把日子过得越来越红火。在做生意时，因为自身的文化水平不高，在财务管理、合同签订时吃了很多亏，他们越来越认同有文化的重要性。于是立志要让孩子接受最好的教育，成为一个高学历人才。当孩子呱呱坠地时，就每天给孩子轮番播放《三字经》、英语，到两岁时开始学念九九乘法表，到 3 岁时小虎已经可以摇头晃脑地念唐诗三百首了，对此，夫妻俩感到特别骄傲。

小虎 3 岁上幼儿园了，小虎妈妈决定从生意场上退下来，专职在家监督孩子的学习。因为可以在幼儿园里接触到各种各样新奇有趣的事物，小虎很喜欢幼儿园。一天放学后，小虎妈妈一回到家就立刻拿出拼音图册，打算让小虎先念两遍再洗澡，可是小虎窝在沙发里一直不动，还不断发出笑声。小虎妈妈走过去一看，看见小虎正在拿着一本绘本看得入迷，她抢过绘本看了看说：“小虎乖，这种小人书有什么好看？又不教认字又不教拼音，我们不看它！”小虎不同意，一边哭一边说：“这是我的好朋友小美借给我的，里面有三只小猪还有大灰狼，可好看了！”小虎妈妈却不理会小虎的哭闹，沉着脸说：“你将来是要考清华北大的，大学里又没有大灰狼，看什么看！”说完把绘本放在了高高的架子上。

小虎上中班了，有一天一回到家就躲在房间里，小虎爸爸找了半天，发现小虎躲在被子里，他走过去用力地掀开被子，哗啦啦，很多白色、黑色的珠子随之掉落在地上。小虎的手里拿着一张格子图一脸紧张地望着爸爸说：“爸爸，我就玩一小会儿。”小虎爸爸问：“这是什么东西？是学数学用的吗？”“不是，这叫作围棋，我们幼儿园的区角里有，小区里的大爷也在玩的。”小虎紧紧地抱着棋盘说。小虎爸爸一听可不得了，

立刻把小虎抱出了房间，说："这个东西能从小玩到老，你玩了就会一辈子都不想学习了，玩物丧志，你可千万不能碰啊！"

"三月三"到了，小虎外婆开始制作五色糯米饭。小虎看见外婆拿来的各种植物，充满了好奇，饶有兴致地围着外婆问东问西："外婆，这个长得像手掌的叶子叫什么？它会变出什么颜色？""外婆，我可以帮你洗叶子吗？""外婆，等下我想用不同颜色的米画画！"小虎妈妈一边晾衣服一边说："小虎，你写算术题的时间到了，我们等下再做糯米饭吧。"小虎抱着外婆的腿说："我不！"小虎妈妈想了想说："那这样吧，你来数一数这些叶子一共有几片，从一数到一百，够了一百片叶子再数另外一种。"小虎没有出声，继续用五色糯米画了一幅小鸡小鸭玩耍的画。小虎妈妈晾完衣服走过来一看，用力地拍着桌子说："我叫你数数，你却在这里洗叶子画画，做糯米饭能让你考一百分吗？"小虎摆好的画一下子都乱了，小虎边哇哇地哭边试图把五色糯米画收拢回来，可是却再也没法复原了。

小虎成了小朋友眼中的特别孩子，小朋友们和他没有共同的话题，小虎也无法加入同伴的游戏，小虎变得越来越沉默，对任何事物都缺乏兴致，上小学后对学习产生了强烈的抵抗情绪。

我们可以看出，小虎的爸爸妈妈重视孩子的发展，把焦点放在了"成绩"上，在他们的眼中，只有写字、算数才能让孩子成才，而生活和兴趣爱好是无用的，必须完全剥离于孩子的视野之外，看不得、碰不得，以免让孩子分心，耽误孩子的发展。他们对学前阶段的学习与发展的认知停留在了狭义的学习上，而忽略了生活的价值，忽略了兴趣对孩子一生的影响。

孔子曰："知之者不如好之者，好之者不如乐之者。"意思是：懂得它的人，不如爱好它的人；爱好它的人，又不如以它为乐的人。兴趣作为一种心理活动，可以给人们带来炽烈而愉悦的情感体验，它是一种无形的动力，让人对特定的事物心驰神往。例如对美术感兴趣的人，会观赏和收藏各种绘画、雕塑、摄影作品，乐此不疲。对诗词感兴趣的人，会自主研究各类词句，或低吟或唱诵或摘抄，沉醉其中。这些兴趣或许不能给孩子带来直接的利益，却可以发展成为孩子一生不变的爱好，不但给孩子带来精神层面的快乐与满足，也有可能成就孩子。

4～5岁的孩子爱玩会玩，活泼好动，积极动用感官探索事物，思维具体形象。因此，相对于抽象、单调的学习，给予孩子接触各种事物的机会，帮助孩子发现自己的兴趣，才能给孩子带来更丰富的人生体验和更旺盛的求知欲望。

小虎的爸爸妈妈因为自身的经历，认为只有算数和识字能摆脱生活困境，他们把自身的物质需求强加在小虎身上，从而只强调最终的学习结果，而忽略了兴趣在人生中的价值及对学习发展的作用。当小虎在为绘本的精彩情节发出欢乐的笑声时，小虎妈妈认为这是脱离现实的，对学习毫无用处；当小虎对围棋产生兴趣时，小虎爸爸觉得这个兴趣没有任何学习价值，立刻把小虎与兴趣隔离。这些行为，看上去用心良苦，实则却用错了心。绘本上的有趣情节、细腻而丰富的画面，给予了孩子想象的空间与表达的机会。围棋虽然只有黑白两子，却是一种高雅的智力游戏，蕴含着精妙的算法、布局以及易懂的哲理。如果小虎能有机会尝试这些他所感兴趣的事物，就有可能将这些兴趣发展成他终身坚持的爱好，也有可能成为小虎毕生为之钻研的事业。

任何一种兴趣，都是人们由于获得了对这种事物的初步认知或参与这方面的活动而使自己体验到情绪上的满足才产生的。所以，人们对某一事物产生兴趣，必须建立在对这一事物的不断接触与了解上，而生活则给人们了解各种事物提供了一个最广阔的平台。在历史的长河中不乏例子：鲁班因为被小草划破了手指而发明锯子，阿基米德在洗澡时悟出了浮力定律，斯帕拉捷在散步中观察蝙蝠为人们发现超声波提供依据……因为有了丰富的生活体验，科学家们才有可能对各种现象产生兴趣，而有了兴趣才带来了促进我们人类进步的各种科学成就。学龄前的孩子作为一个刚刚起步的人，最先体验到的是生活，他们在生活中学习生活技能，在生活中接触各种事物，在生活中获得经验，生活对学龄前孩子的兴趣发展有着独特的价值。

在广西特有的“三月三”节日时，小虎的外婆给小虎展现了真实的生活情境。五色糯米饭的制作历史悠久，蕴藏着劳动人民的生活智慧，这个看似简单的制作活动，其实包含着各种科学原理和民间审美文化。在制作过程中的过滤、浸泡、加热、冷却等工序可以让小虎直观地看到糯米的变化，体验各种科学现象；小虎对叶子能染色充满好奇，他对叶子的仔细观察、对叶子染色的猜测，都直接反映了小虎对科学探究充满兴趣，这都是激发探究兴趣、提高科学探究能力的宝贵机会。还有小虎对颜色的敏感，对色彩审美的兴趣以及想象创造，无一不展示出了小虎强烈的感受力与表现力。可是，小虎妈妈没有看到这些闪光点，而是一味强调单一的知识，即使是摘叶子，也要求小虎按照自己的意愿进行“有用的学习”——从一数到一百，小虎对新事物的好奇心以及对艺术的热爱被妈妈的阻碍扑灭了。如果小虎妈妈能够充分地利用这个机会，和小虎一起观察糯米的变化，支持小虎进行各种染色实验，在小虎用五色糯米画好一幅画时，及时鼓励小虎，为小虎提供更多的创作机会，小虎又会有怎样的发展呢？或许小虎会对科学现象产生兴趣，开始科学探究之旅；或许小虎会爱上画画，创作出更多的作品；又或许小虎因为这次的猜测验证得到成功体验，对自己的学习能力充满信心，继而喜欢上学习。

广义的学习是指人与动物在生活过程中，凭借经验产生的行为或行为潜能的相对持久的变化。狭义的学习则专指学生的学习。广义的学习是在生活过程中产生的，因此学习不能脱离生活，它来自生活又回归生活。

兴趣则是人们在生存中产生了各种需求，在面对各种需求时，人们对自己感兴趣或容易驾驭的事物给予优先关注和积极回应，开始热衷于接触、观察这个事物，进而对这个事物开展深入、持久的探究。兴趣归根结底也是来自人们的生存需求，来自生活。

我们不能把学习、生活和兴趣剥离开来，只有在生活中获得的兴趣才能成为终身学习的动力，而终身学习的热情让人不断进步，最终获得非凡的成就。

看到这里，您是不是对学习、生活与兴趣有了更多的了解？在我们陪伴孩子一起成长时，一定要好好地把握这三者的关系，让孩子在生活中学习、在生活中寻找兴趣，这样才能让兴趣成为孩子不断进取的最佳助力。

案例二 功利性兴趣培养，试图打造完美小孩

天天才上幼儿园不久，天天妈妈就给天天在某校外培训机构报了画画班和故事班。天天刚满 4 岁时，天天妈妈又让她开始学习钢琴、舞蹈和英语。从中班开始，天天每一个晚上和周末都被兴趣班占据了一大半的时间。

天天常常快到放学时间就会和班上的老师抱怨："放学后我又要去上兴趣班了。"

老师问天天："你为什么上这么多兴趣班啊？这些兴趣班都是你想要上的吗？"

天天说："这些兴趣班都是我妈妈选的，妈妈想让我上很多的兴趣班，她说只要我能发展好这些兴趣，我长大后就可以变成很厉害的人，可是我觉得上兴趣班好累啊。"

老师再问天天："那这些兴趣班有没有你喜欢的呢？"

天天告诉老师："我原来喜欢跳舞和画画的，可是现在兴趣班老师整天让我们练同样的东西，我觉得不好玩了。"

……

又到新一期的幼儿园才艺秀活动时间，班上老师鼓励孩子们根据自己的兴趣爱好进行一项才艺展示。天天想报名唱一首歌，可是天天妈妈执意让天天报名展示一个在兴趣班新学的舞蹈，为这个事情天天和妈妈有了争执：天天说她很想给大家唱一首歌，天天妈妈说新学的舞蹈跳得这么好一定要抓住机会好好展示给大家看。

为此，老师特意和天天妈妈进行了沟通。

天天妈妈表示："现在很多的家长都给孩子报各种兴趣班，我要是不给天天报班的话她会比不过别家孩子的；而且我看我家天天也挺有艺术天赋，她从小喜欢做手工、跳舞、唱歌，我给她报艺术课那都是为了支持她的艺术天赋。这次执意让天天表演舞蹈，那是因为最近天天老吵着不学跳舞了，说跳舞很累又不好玩，想借这次才艺秀的机会让她得到其他小朋友的赞美，能够让她坚持上舞蹈兴趣班。"

最终天天没能拗得过妈妈，她一脸不情愿地完成舞蹈表演，却在表

演后怎么样也不肯去上舞蹈兴趣班了。天天妈妈苦口婆心地对天天说："以前妈妈想上这些兴趣班都没得上，现在妈妈为了你能学得好花多少钱都愿意。如果你不学，别的小朋友就会跳舞跳得比你好，样样也都比你强。"

天天妈妈是典型的"望子成龙"型父母，她期望利用各种兴趣班把天天塑造成完美小孩。很多父母也一样，打从孩子满 4 岁开始，只要一听到别人家的孩子上了一个什么样的兴趣班，参加了一个什么级别的比赛，就会有一种自己的孩子已经落后于别人家孩子的感觉，于是不停地打听各种兴趣班，又不停地给孩子选报各种兴趣班。

可是，兴趣班真的能等同于兴趣培养吗？这样能塑造出符合自己期待的完美小孩吗？

脑科学和心理学现有的研究调查结果表明：孩子的成长是天赋加上后天的教育。孩子出生时，一生所需要的脑神经细胞就已经存在了，0 ～ 6 岁完成 90% 的神经布线，之后进入神经修剪过程。神经修剪过程相当于剪掉一些无用的，保留一些稳固的，促使每个孩子形成自己的特色。这就意味着孩子一出生就具备了很多天赋，而让孩子在天赋基础上成长为有特点的人，帮助孩子在天赋兴趣与学习成长之间搭建桥梁，激发孩子学习的内在驱动力，才是真正符合科学规律的学前教育。

功利性的兴趣培养违背了科学的教育规律。兴趣是在自身美好的感觉体验基础上自主形成的，这种"美好的感觉体验"会受到外在因素的影响。案例中的天天一开始喜欢跳舞和画画，那是因为她可以在跳舞、画画中自由地表达出自己的所思所想，她在这两种艺术表现形式中得到了自主的美好感觉体验。可是，在这些以技能提高为主要目的的兴趣班里，天天无法再像之前一样自由地创作和表达，久而久之，对跳舞和画画的兴趣也就慢慢减弱甚至消失了。其实，孩子的学习动机和我们成人的学习动机是有区别的，成人通常认为有意义的事情值得去学，而对于孩子来说，有意思的事情才能调动他们的学习主动性，但是很多家长忽略了这一点，误解了孩子的兴趣和学习意愿，以为只有上兴趣班才是支持孩子兴趣学习的最好方式。孩子有自己真正的兴趣和梦想，并不是喜欢唱歌、跳舞就一定要报唱歌课、舞蹈班，一旦过早进入功利性强、只要结果不管过程的专业培养课堂，孩子原先的兴趣就会被慢慢磨灭，学习兴趣随之逐渐减弱，这非常容易导致孩子产生厌学情绪。

强加式的兴趣意愿打造不出完美孩子。天天妈妈因为自己小时候很想上自己感兴趣的兴趣班却没有机会，就把这个厚望寄托在孩子的身上，好不容易孩子长到了某个兴趣班的报名年龄，就迫不及待地给孩子报班，还以展示兴趣班表演换取同伴赞扬、放弃兴趣班学习就被别人比下去的说法来维持孩子参加兴趣班的意愿。这实际已经把上兴趣班变成了一项被动接受的任务。在孩子看来，这并不是满足自己的兴趣爱好，而是满足父母的需求。天天妈妈一门心思想要塑造完美的小孩，希望孩子样样出色，以为这是对孩子最好的培养，其实这样的“填鸭”式兴趣培养严重影响孩子的发展。《道德经》里有一句“自然之道本无为，若执无为便有为”的名言，表达的就是凡事都应遵循事物的自然发展规律，孩子的兴趣培养亦是如此，只有孩子自己感兴趣的事，他才会坚持下去且学得好。如果总是不管孩子是否真正有兴趣、是否乐意接受，总想逼着孩子上各种兴趣班，就会使孩子真正的兴趣没有得到关注和培养，也让孩子失去了对这一类活动的学习兴趣。

看到这里，相信很多家长一定会有疑惑：那兴趣班到底还能不能报呢?

其实，当孩子在某些方面有特殊兴趣和需要时，是可以通过一些社会机构来支持孩子的兴趣学习的，但前提一定是对孩子和学习内容有科学的研究，而且确保不会对孩子的身心健康产生不良的影响。在考虑报兴趣班的问题时首先一定避开以上案例中天天妈妈的做法，其次可以参考以下选报兴趣班的原则。

1. 以孩子的兴趣为主

“兴趣班”顾名思义首先是培养兴趣的班级，选报兴趣班前一定要先了解孩子是否有这方面的兴趣，如果孩子表现出某一方面的兴趣，可以选择报读兴趣班，通过兴趣班进一步发展兴趣。孩子的能力提高后，孩子的自信心也会随之增长，这时报读兴趣班能够有助于孩子对兴趣的坚持。但在没有找到孩子感兴趣的项目时，最好先带孩子参加不同类型的兴趣体验课，在体验过程中慢慢发现孩子的兴趣点，甚至可以先和孩子一起参加这些体验活动，在活动中观察孩子是对活动内容感兴趣还是对其他因素（比如课后奖励、好朋友同在一个班等）感兴趣。

同时要注意，纵使孩子感兴趣的项目活动有很多，也不要让孩子同一时期参加过多的兴趣班，以免孩子无法持续专注于某一个兴趣项目的学习探究。

2. 选择资质过关的机构

给孩子选报兴趣班时一定要进行资质考察，专业的兴趣班机构和老师会了解孩子的学习特点和发展水平，采用寓教于乐的学习形式，让孩子得到能力发展的同时获得良好的情绪情感体验。在学习活动中获得积极的情绪情感体验能够更好地维持孩子的学习兴趣，使孩子的兴趣得到更有效的发展和支持。

3. 不能坚持的话，果断放弃

有的时候，孩子刚参加兴趣班时有兴趣，但随着参加的次数增加会让孩子感觉到压力大、无聊，可能会导致孩子产生抵触情绪。若发现孩子开始抗拒某一类兴趣班时，可以先和孩子聊聊是什么原因让他不想上，如果仅仅是因为新鲜感减退，可以对孩子说再坚持试一试，陪孩子一起找到这个项目好玩或者孩子有收获的地方，尽量不要让孩子马上放弃。

但是，如果坚持过后孩子已经对这个兴趣班完全没有兴趣了，这个时候就千万不要逼孩子坚持了，了解清楚原因后，如果孩子是真的不喜欢了，就要果断停掉这个兴趣班，以免强行坚持伤害到孩子，同时要和孩子约法三章，下次不要轻易放弃。

总之，家长在孩子兴趣培养的路上，不要按照自己的兴趣理想来培养孩子，不要将兴趣爱好等同于某项专业技能，而要看到孩子的天赋，点燃他的兴趣，帮助他发现自己的更多可能，从兴趣发展中培养孩子良好的学习品质。

案例三 创造丰富生活环境，做兴趣培养有心人

这是一个四口之家，爸爸妈妈和两个儿子，哥哥8岁9个月大，弟弟翌程4岁2个月大。

翌程在满月以后，就开始躺在爸爸妈妈的怀里、小推车上看外面的世界，到户外去玩，所以翌程从小就习惯在户外活动，而不喜欢待在家里。到了翌程会走会跑后，翌程的爸爸妈妈开始带翌程到大自然中，去江河湖海的水边玩耍，去全国各地的大山里探索，认识不同的植物、动物，丰富翌程的见识，促使翌程喜欢观察认识不同的事物，愿意接触不同的人，寻找新的事物，逐渐掌握与人交往的技巧、与自然和谐相处的能力，兴趣点越来越丰富。

从翌程懂事起，翌程的爸爸妈妈就达成共识，没有给翌程过早地看手机、电视、电脑，夫妻俩尽量不在孩子面前玩手机。同时为翌程准备了各种各样的玩具、手工、图书，翌程的爸爸妈妈会用大量的时间陪翌程一起玩，有时候是讲故事，有时候是搭积木，有时候是做手工。就这样，当幼儿园的其他孩子为了玩手机而和父母不断哭闹时，翌程却从来没有被手机、电脑等智能电子产品捆绑，他更喜欢在空闲的时候看绘本、拼积木，或者去户外活动。

翌程上幼儿园了，特别到了中班，周围的小伙伴们都开始上两到三个兴趣班，可是翌程的爸爸妈妈从来没有逼着翌程上兴趣班。虽然翌程从来没有参加过校外培训机构的学习，但是因为父母给他提供了丰富的活动环境，他能够在生活情境中发现各种好玩的东西，接触那些自己真正感兴趣的事物，用自己的兴趣来丰富学习活动，而不仅仅是学习一些书本上就有的信息。

由于家长清晰地认识到孩子的兴趣来自他的好奇心，所以一直努力地维护孩子的好奇心，引导孩子接触不同的事物，容忍孩子因为对某一事物感兴趣而出现的暂时破坏行为，保护孩子的积极性，进而使孩子产生各式各样的兴趣。翌程的爸爸妈妈非常尊重孩子的自主性，他们认为孩子是一个独立的人，不是被父母辖制的孩子，孩子有自己的观点、需求，家长要尊重孩子的观点，满足孩子的需求。翌程爸爸非常支持翌程

的自我选择，当翌程有了自己想法，想要用自己的想法完成要做的事情时，只要这些行动不违背社会道德和法律，翌程爸爸就会鼓励他去积极尝试，从不把家长的意见强加给孩子。当翌程对新的事物感兴趣时，翌程的爸爸妈妈从来不阻止，在确保安全的情况下放手让翌程尝试，也会赞赏翌程取得的点滴进步。有了父母的鼓励，翌程在活动和学习中充满自信心。

在这样的家庭环境中长大，虽然翌程只有 4 岁多，但是他的自我意识清晰，明白自己需要什么、喜欢什么，并会努力去实现自己的需求，而且愿意尝试新的任务并有信心去完成。

在 2016 年学前教育宣传月《回归快乐童年》系列访谈节目中，南京师范大学虞永平教授曾谈到关于兴趣培养的问题，虞教授说："我们今天的教育，应该是家长跟幼儿园共同努力的结果，我更希望家长自己能够承担教育的责任，我们不能一想到教育就去上（报）班，就要到机构里面去，我们在家庭日常生活当中，有很多教育的机会。"上面案例中，翌程的父母共同承担起家长在教育中的责任，清晰地认识到在生活中存在着宝贵的教育契机，陪伴孩子发现兴趣，使翌程的兴趣得到了良好的发展。

我国著名的教育家陶行知指出："过什么生活便是受什么教育。过健康的生活便是受健康的教育，过科学的生活便是受科学的教育，过劳动的生活便是受劳动的教育，过艺术的生活便是受艺术的教育……以此类推，过高尚的生活是高尚的教育，过有目的的生活是有目的的教育。"由此可见，家长在家庭中为孩子创设怎样的生活环境，孩子就会获得怎样的发展。

翌程的父母为翌程创设了丰富适宜的生活环境，主动在孩子面前回避有可能对翌程产生负面影响的电子产品，在家庭中准备绘本、玩具、手工等丰富的材料，为翌程接触各种事物、激发不同兴趣提供更多的可能。他们珍视自然和生活对孩子发展的价值，带着翌程在大自然中游玩或到社区中参加各种活动，让翌程在与大自然的亲密"对话"中，在与周围社会的交流互动中健全人格、发现兴趣，培养翌程成为完整儿童，而不像整日被迫奔波在各种兴趣班中的"年纪轻轻的博士和老态龙钟的儿童”。

闻名世界的安徒生是孩子们喜爱的童话作家，他的作品《皇帝的新装》《拇指姑娘》《卖火柴的小女孩》《丑小鸭》等深深吸引着一代又一代的孩子，几乎成为每一个人童年的美好记忆。这个写出那么多想象丰富、情节引人入胜的故事的作者，有着一个别样的童年。1805 年，安徒生出生于欧登塞城一个贫穷的鞋匠家庭，母亲是一名目不识丁的佣人，父亲是一名受过良好教育的鞋匠，很喜欢文学。安徒生的父亲在工作之余，经常会给他讲述民间口口相传的故事，有时还会兴致勃勃地表演话剧给安徒生看。这些来自民间生活的故事给安徒生一家带来了许多乐趣，也在小安徒生的心里点燃了一束小小的兴趣火苗。安徒生的父母还会主动领着他去观察各个阶层的人，观察不同人们的生活百态、喜怒哀乐。就是这样一对父母，在贫困的生活中给安徒生点燃了对民间文学的热爱，为安徒生长大后创作故事、刻画人物积累了丰富的素材，打下了坚实的基础。

作为一个穷人家的孩子，安徒生没有得到过专门的写作训练，但却在父母创设的家庭生活环境中对民间文学产生了浓厚的兴趣，最终成为他终身坚持创作的动力。我们可以看出，生活环境的熏陶、家长用心的陪伴对孩子的兴趣培养起着举足轻重的作用。翌程和安徒生一样幸运，因为他们都遇到了睿智的父母。翌程生长在一个物质文明更加丰富的世界，在这个充满升学压力、功利教育盛行的社会，翌程父母的心里始终亮着一盏明灯，他们从不推脱家庭陪伴责任，坚信“生活即教育”。从这两个家庭的父母身上我们可以看到，父母始终陪伴在孩子的身旁，在与孩子的共同活动中了解孩子的行为特征，洞察孩子的内心世界，共同体验快乐与失败，从而发现并培养孩子的兴趣爱好。

兴趣就像孩子心中的一颗火种落在一撮干草上，家长必须围着它拿着扇子小心翼翼地呵护，风扇得过大或过小，都会让火苗被吹灭或者燃不起来；还要时刻注意不能把干草捂得太紧，否则要不没有空气，要不火就聚不到一起，就这样慢慢地、耐心地“哄”着它一点一点烧起来、旺起来，直到最终燃成熊熊烈火。这个比喻告诉我们，培养孩子的兴趣需要耐心、需要呵护，更需要智慧，绝不是听而任之、放任自流就可以成功的。翌程父母在培养孩子的兴趣时就非常尊重孩子，注重保护孩子的好奇心。

美国心理学家奇凯岑特米哈伊在对 91 个名人进行访谈时发现，促使这些名人开始创业之路的一个重要因素就是好奇心。近年来脑科学研究的结果显示，好奇心水平的提高有利于脑部神经突触中更多的信息输入与加工，刺激大脑的发育。如果家长能在孩子 1 ～ 5 岁这个关键期提供给孩子丰富多彩的环境刺激，并提出适宜的挑战激发孩子的好奇心，就可以促进孩子大脑的发育。保护孩子的好奇心是促进其兴趣发展的重要一环。翌程父母为翌程提供了宽松的心理环境，从来不阻碍翌程的选择，当翌程对好奇的事物跃跃欲试时，允许他尽情地看、听、闻、尝、摸，允许他拆卸和拼凑。这些积极的引导和做法，使翌程养成了认识新事物时深层探究的行为与思维习惯，从而使他的兴趣得以持久发展。

翌程的案例给了我们很多启发，丰富多彩的生活环境、多角度多层次材料的投放、家长对孩子的尊重、对孩子好奇心的呵护等，都是促进孩子兴趣产生、延展和持续的催化剂。生活在多姿多彩的环境，拥有家长用心陪伴的孩子必定会为拥有真正的兴趣爱好而感到满足和幸福。

了解孩子

4 ～ 5 岁孩子的成长变化特别明显。他们的身体运动能力明显提高，喜欢跑、跳、攀爬，挑战不同的运动器械；他们的社会适应能力逐渐增强，日常活动的范围也逐渐扩大，所接触和发现的事物慢慢丰富和多样。我们家长在陪伴该年龄段的孩子时，常常会发现：孩子比 3 岁时动作更灵活了，喜欢交朋友并有了自己较固定的好朋友，遇到事情会拒绝父母的帮忙要求自己来，对有挑战性、感兴趣的事情总想试一试。

此外，随着孩子活动范围的扩大，其对周围新鲜事物的好奇心在大大增强。他们喜欢去新的地方，喜欢参加新的活动，喜欢学习新的本领，喜欢买新奇的玩具，喜欢认识新的朋友，还喜欢问“是什么”“为什么”“有什么用”，好奇好问是这个年龄段孩子的一大特点。

好奇心会让 4 ～ 5 岁的孩子对生活中的各种事物产生兴趣，这种兴趣既来源于孩子与周围环境的自主互动，也有来源于父母、教育者等成人有意设计的外部刺激或活动，孩子会因体验到了活动带来的愉悦而逐渐产生兴趣。

孩子长到 4 岁以后，我们就会经常听到孩子提出关于某些事物的各种疑问，这些疑问其实反映了孩子不同方面的兴趣。比如有的孩子提出“为什么小老鼠喜欢钻进洞里”“为什么小蚂蚁总是成群结队”等问题，这就能看出孩子对于探究动物的习性非常有兴趣；又如有的孩子提出“为什么这个轮子这么大”“为什么挖掘机要有一个大铲斗”等问题，说明孩子开始关注与思考一个物体的结构部位和它的功能有着怎么样的联系。

其实，家长可以在日常生活中观察孩子，当孩子对某一事物出现了这样的外在表现时，就说明孩子对其产生了兴趣：专注——不受外界干扰，全身心投入其中；探究——反复了解是什么、为什么，以及自始至终伴随着的愉悦情绪。

心理学研究表明，好奇心和学习兴趣是引发和维持孩子学习发展的重要动力因素，且这两种积极的情绪情感体验能够提高孩子学习活动的效率，《3～6 岁儿童学习与发展指南》也将“好奇心和学习兴趣”列于各学习品质之首。有研究者对美国 40 个州的早期学习标准进行分析发现，“好奇心和学习兴趣”是被提及次数最多的学习品质之一，即美国各州的早期学习标准也将“好奇心和学习兴趣”摆在非常重要的地位。著名教育学家杜威也曾说：“兴趣蕴含着发展和成长，孩子的兴趣会对其一生的发展产生影响。”

因此，家长必须重视对孩子好奇心和学习兴趣的观察，在发现孩子好奇心和学习兴趣特点的基础上，加以尊重、保护和培养。假使家长对孩子的好奇好问总是无视、忽略，那就等同于将孩子的学习兴趣扼杀了；如果家长能够利用好孩子的好奇好问，积极营造激发孩子好奇心的家庭文化环境，巧妙利用家庭资源引发孩子对新事物的了解与探究兴趣（或和孩子一起进一步持续观察，或共同查阅相关资料），那将会有益于孩子智力与其他诸多方面的能力发展。

另外，美国心理学家霍华德·加德纳教授认为人的智力发展是多元的，与其特定的认知领域和知识门类密切相关，每种智能都存在于人体内独立的系统中。这些智能是个体在特定的社会、文化环境的价值标准下，解决在现实生活中遇到的实际问题的能力和生产、创造出有用产品的能力。由此，霍华德·加德纳教授提出了多元智能理论，即人的智能分别由言语—语言智能、逻辑—数理智能、视觉—空间智能、音乐—节奏智能、身体—运动智能、人际—交往智能、自知—自我认识智能、自然观察智能这八种智能成分构成，具体为：①言语—语言智能，包括阅读和写作及用于日常会话的能力；②逻辑—数理智能，包括数学运算与逻辑思考的能力；③视觉—空间智能，包括认识环境、辨别方向的能力；④音乐—节奏智能，包括对声音的辨别与表达的能力；⑤身体—运动智能（肢体—运动智能），包括支配肢体完成精密作业的能力；⑥人际—交往智能，包括与人交往且能和睦相处的能力；⑦自知—自我认识智能，包括认识自己并选择自己生活方向的能力；⑧自然观察智能，包括认识、感知自然界事物的各种能力。

霍华德·加德纳教授认为每个人都会具有以上八种智能，但是八种智能在不同个体身上是有差异性的，且每种智能以错综复杂的形式独立存在。比如雕塑家和建筑师的空间感（视觉—空间智能）比较强，运动员和舞蹈家的肢体能力（身体—运动智能）较强，管理公关人员的人际—交往智能较强，作家的自知—自我认识智能较强。我们在生活中会发现，有的孩子玩折纸游戏玩得特别好，可以根据成品迅速折纸复制出另一个作品，这类孩子在视觉—空间智能上有一定的优势；有的孩子对音乐的感受力很强，能够根据节奏协调地舞动肢体，根本不需要练习，这类孩子的音乐—节奏智能突出；还有的孩子特别关注环境中的各种动植物，对自己观察的动植物的特征习性等如数家珍，这类孩子的自然观察智能较强。这些现象都证明了孩子的智能是多元的，不同的智能会表现在孩子不同的长处和能力上，这些突出的能力有可能为孩子的兴趣发展提供强有力的支持，也有可能会变成孩子的持久兴趣，发展成为孩子的终身爱好或特长。

同时，这八种智能在每个人身上的组合方式是多种多样的，每个人在不同领域的智力发展水平是不同步的。比如有的孩子运动能力不强，在和小朋友一起运动时总是跑得最慢的，其他孩子一下子就可以攀爬的架子，他需要花费多一半的时间思考哪一只脚该放在哪个位置，另一只脚应该怎样配合，但是他在玩胶泥时就完全变了个人，可以快速地捏出形态各异、栩栩如生的“小动物”。还有的孩子社会交往能力弱，同样的冲突问题会发生很多遍，但他都无法从上一次的经验中尝试调整交往策略，在每次和其他小朋友同时看上一样东西时都只能靠争抢，而不会尝试协商轮流等方法，但是他的视觉—空间智能发展得很好，玩魔方根本不用父母教，只需自己琢磨就能掌握各种快速复原魔方的方法。

对应在兴趣选择上，孩子也会表现出明显的个体差异，因为每个孩子的智能发展不同，会更关注与自己的智能水平匹配的事物。比如孩子的视觉—空间智能发展较好，可能会对搭建积木、折纸等更感兴趣，外出玩耍时会更容易辨别方向，也能够看着简单的地图找到目的地；孩子的逻辑—数理智能发展较好，可能会更喜欢玩迷宫、猜谜等游戏；孩子的身体—运动智能发展较好，可能会对踢球、骑车等活动更感兴趣。因此，每个孩子都会有不同的兴趣，而且随着多元智能的持续发展，孩子的兴趣还会不断变化。

《3～6岁儿童学习与发展指南》提出了兴趣培养要求珍视游戏和生活的价值，因为孩子的学习是以直接经验为基础、在游戏和日常生活中进行的。著名教育家赫尔巴特同样主张要发展孩子多方面的兴趣，要把培养孩子“多方面的兴趣”作为教育的重要目标。而兴趣生成于孩子的生活，孩子的生活经历越丰富，他可能生成的兴趣就越广泛，他可能发展的智能就越多元。因此，家长应尽可能地通过多种途径和形式，为孩子提供丰富的物质和精神环境，营造利于孩子积极发现和探索的氛围，能够更好地引导孩子在生活中萌发好奇与产生兴趣。

当然，孩子可能在一段时间内对许多事物都感兴趣，但由于认知水平有限、独立活动能力较弱、意志力薄弱，一旦兴趣在发展过程中遇到困难或者干扰，兴趣会随之很快地转移。这时家长能抓住契机，给予适宜的鼓励、支持与帮助是极其重要的，这样能促使孩子长时间地专注于其中，使其兴趣向稳定、积极的品质发展。因此，家长需要对孩子的兴趣给予积极的反应，尽可能地创造条件，巧妙地引导孩子进一步深入探究。如果孩子自发形成的好奇心和主动探索性行为能获得积极的回应与支持，他进一步探究事物的能力将会得到很好的发展，且这对于培养孩子良好的学习品质也十分重要。此外，家长还要以自身健康积极的兴趣爱好作为榜样，这对孩子兴趣发展有重要影响。

一些关于儿童兴趣与家庭教育的研究报告显示：乐观、积极、支持、鼓励的家庭教育态度和行为，利于孩子形成稳定、积极、广泛的兴趣；如果孩子有强烈的动机想去了解某事物，他的能力将得到提升。大多数孩子在父母或其他成人的鼓励下，能通过接受任务和听取一定提示的方法来保持对某一事物的较长时间的兴趣。但是，切记不要用打骂恐吓的方式来引发孩子的学习动机，而应该放手让孩子去参与他真正感兴趣的事情。

需要注意的是，兴趣的培养不是一蹴而就的。由于 4 ～ 5 岁孩子注意力的稳定性和持续性还在不断发展，因此对于学龄前的孩子来说，现阶段更适宜培养广泛的兴趣，对生活周遭产生兴趣，喜爱接触新鲜事物并能提出有关新事物的问题，在此基础上家长再逐步巧妙地引导孩子从广泛的兴趣中形成一些积极、稳定的兴趣。

学龄前的孩子在什么年龄段适合培养哪些兴趣，《3 ～ 6 岁儿童学习与发展指南》已经给了我们明确的指示，比如 6 岁以前是运动兴趣与习惯养成的关键期，6 岁以后才是运动技能习得的有效期。由此可见，例如跆拳道、足球、舞蹈考级等需要专门训练的项目就不是学龄前孩子该培养的兴趣，同理，英语、珠心算、国学等也不是这个年龄段孩子学习的内容。专项训练对于处在人生发展初期的孩子来说是极不合适的，孩子的身体和心智还没有达到需要专项训练的程度，形式多变、参与性强、有趣活泼的游戏活动才是促进学龄前孩子身心发展的合理途径。因此，孩子的兴趣培养需要遵循自然法则，逾越法则则会对孩子造成心理和能力上的伤害。

综上，兴趣培养应该顺应学龄前孩子的学习发展规律，呵护孩子的好奇心和学习兴趣，丰富孩子的成长环境，因势利导挖掘孩子的优势智能，巧妙维持孩子的积极兴趣，以便更好地做到养兴趣，促发展。

实施指南

一、开启兴趣培养的第一把金钥匙是善待孩子的好奇好问

利用好孩子的好奇心，对于兴趣培养能有事半功倍的效果。当孩子对一块石头很感兴趣时，不妨蹲下来和孩子一起观察，问一问孩子“这是一块怎样的石头”，鼓励孩子找一找和它相似的石头，听一听石头碰击的声音，玩一玩这块石头，再和孩子一起聊一聊对石头的认知，过后再陆续收集一些形状各异的石头，点燃并延续孩子探究石头的兴趣。当孩子喜欢跟着音乐节奏舞动、乐于用涂涂画画表达自己的思想和情绪时，不妨每天留出一个固定的时间段和孩子一起自由舞蹈，享受随音乐舞动的乐趣，还可在家中设置一面涂鸦墙，大家一起根据心情或想法作画，把涂鸦作画作为自家的一种特别的交流方式，丰富孩子的艺术表现能力。

二、开启兴趣培养的第二把金钥匙是丰富孩子的生活经历

家长尽可能地丰富孩子的成长环境，让孩子的多种感官被调动起来，帮助孩子获取丰富的经验和体验，促进孩子的兴趣发展。

在家里时家长多陪孩子一起阅读、一起游戏、一起创作，以各种活动丰富孩子的生活体验；节假日时适当安排一些外出参观旅游的活动，多带孩子亲近自然，走进动物园、博物馆、科学馆，观察自然和社会现象，孩子的见闻广泛了，视野开阔了，对于各种事物的兴趣也就油然而生了。

家长还要多为孩子提供可以动手动脑的物质材料，例如坏掉的时钟、各种可拆装的低结构玩具、各类废旧物品等，鼓励孩子亲自动手探

究；在孩子遇到问题时积极回应孩子，给予解决问题的思路或途径，比如当孩子用小木棍拧不动小螺丝时，可以为孩子找出家中的工具箱，鼓励孩子试一试哪种工具可以拧动小螺丝。

三、开启兴趣培养的第三把金钥匙是因势利导挖掘孩子的优势智能

每个孩子都有其独特的天赋，家长需要做一个有心人，细心挖掘孩子的优势智能和天赋。当发现孩子对自然界的各种动植物变化很敏感时，家长可以多创造机会和孩子一起参加自然研学活动，共同阅读自然类的书籍，还可以和孩子一起种植（养殖），并且协助孩子用拍照、绘画的形式记录生命的成长过程，顺应与支持孩子的优势智能发展。

四、开启兴趣培养的第四把金钥匙是巧妙维持孩子的积极兴趣

亲子之间相同的兴趣爱好可以成为孩子短暂兴趣的有效推力。家长和孩子一起发展共同的兴趣爱好，比如骑行、绘画、阅读或玩乐高，这样一来孩子某些方面的兴趣可以得到稳定发展，亲子关系还可以变得更紧密，可谓一举两得。另外，当发现孩子喜欢拆拆装装时，家长可以多给孩子提供拆装的契机，让孩子参与家庭维修活动，请孩子帮忙拆卸灯罩、修理桌椅等。当发现孩子喜欢表演时，家长可以经常带孩子观看戏剧表演，或者开设定期的家庭表演会，让孩子在其中找到持续的表演乐趣。

延伸拓展

一、阅读推荐

>>> 1.《在游戏中给孩子美的启蒙》（作者：李欣睿；出版单位：中信出版社）

推荐理由：此书作者是一名体验设计师，同时也是一名 5 岁孩子的母亲，她对中国传统文化以及美学有较深的研究，努力传播家庭美育，提倡从传统和自然中学习美，在生活和游戏中融入美育。她带着孩子一起践行自然教育法，此书记录了作者为孩子设计的美好自然游戏，游戏内容的设置顺应了一年中的二十四节气，游戏里包含了吃、喝、玩、乐等多种体验形式，游戏简单，可操作性强，孩子在家里很容易就能玩起来。本书所有的游戏材料都取于自然，可以在生活环境中随手取来，成本较低，其中不乏成人童年时曾经玩过的小物件，这些可爱的小玩意，将会带领成人和孩子一起体验童年的趣味和生活的美好。我们可以从此书中获得如何从自然环境挖掘传统之美以及利用自然资源设计亲子游戏的宝贵经验，更能学习到如何在孩子的生活中播撒下美的种子，让孩子拥有一双发现美、欣赏美的眼睛，萌发对自然生活中美好事物的探究兴趣。

>>> 2.《图画书的力量》《感动大人的图画书》（作者：[日] 柳田邦男；出版单位：广西师范大学出版社）

推荐理由：在我们对图画书最初始的认知里，我们以为图画书只是给孩子看的，我们成人只不过是孩子的陪读者。可当我们仔细阅读这两本书后，我们就会发现：不同年龄的人在阅读同一本图画书时，能读出其中不同的含义以及产生不一样的阅读体验。因此，作者提出了“一生要读三次图画书”的理念，第一次是自己是孩子的时候；第二次是自己做了父母抚养孩子的时候；第三次是人生过半，面对衰老、疾苦、死亡的时候。当我们为人父母时，这两本书能够给予我们和孩子一起阅读图画书的力量，它可以带领我们赏析世界著名的图画书并从此爱上阅读图画书，还可以教会我们如何通过图画书以孩子能够理解的方式讲述人生的重大话题，最重要的是它会让我们和孩子的阅读兴趣靠得更近。

3.《DK 科学小实验》丛书（作者：[英] 尼尔·阿德里；出版单位：科学普及出版社）

推荐理由：这套丛书的作者是一位著名的儿童作家，著有多部优秀的儿童作品，深受孩子们的喜爱。此丛书将常见的生活现象与 300 个科学实验小游戏联系在一起，将严谨的科学原理融入刺激好玩的小实验中。孩子可以在一个个挑战中发现科学，了解科学。书中的每一个实验都配有清晰的图片、详细的步骤和简洁的文字说明，实验中出现的材料都是家里常见的，让孩子看图就能操作。在每一个实验结尾，还会联系生活，介绍这个实验中出现的科学原理在生活里的运用，或解释常见的自然现象，让孩子发现生活中的科学。当我们发现孩子对自然现象、生活物理现象感兴趣时，还可以从这一套丛书中找到相关联的小实验和孩子一起玩一玩，让孩子更好地从动手操作中理解自己感兴趣的现象，由此提高孩子对万物的探究兴趣与动手能力。

4.《故宫里的博物学》丛书（著者：小海；绘者：[清] 余省，[清] 张为邦，[清] 聂璜；出版单位：故宫出版社，中信出版集团）

推荐理由：这套丛书以乾隆亲自主编的《鸟谱》《兽谱》和《海错图》为蓝本，精选其中 120 种神奇动物，打破了人文与科学的界限，从文学、艺术、动物、地理、自然、民俗、历史等方面，讲述了神奇动物的妙趣故事，故事里还巧妙地融入了古诗、成语和历史典故。此书很适合亲子阅读，可以让孩子在大开眼界、充分满足对动物好奇心与探究兴趣时，融会掌握自然科学与中华文化知识。

二、视频推荐

》》 央视纪录频道纪录片《小动物大智慧》《动物之爱》《自然的力量》等

推荐理由：此频道系列纪录片展示了大自然的神奇瑰丽，由各国自然学家带领我们走遍世界各地，寻访自然界中壮美雄奇的山川河流和生机勃勃的野生动物。纪录片采用了真实、严谨的拍摄风格，会使观看者有身临其境的观看体验，非常适合亲子观看，以激发孩子对大自然的探究兴趣。

评估改进

一、自我评估

亲爱的家长，您好！请您在下列题目中根据您在生活中的实际情况进行选择。

1. 孩子很喜欢阅读图画书，您认为以下哪几种做法可以保持孩子的阅读兴趣？（　　）

A. 多给孩子阅读可以认字的图画书，抓住机会给孩子多认字。

B. 为孩子提供更多种类的图画书，让孩子自由阅读。

C. 关注孩子感兴趣的图画书主题，多进行亲子阅读。

2. 您在什么情况下会给孩子报兴趣班？（　　）

A. 希望孩子获得某种技能时。

B. 看到身边的孩子都报了兴趣班时。

C. 当发现孩子在生活中对某一活动（事物）感兴趣时。

D. 发现孩子在某一方面比其他孩子发展缓慢时。

3. 当家长的兴趣意愿与孩子的兴趣意愿冲突时，您会如何做？（　　）

A. 假装看不见孩子的兴趣，不闻不问，为了避免孩子哭闹，尽量不与孩子发生冲突。

B. 努力引导孩子按照家长的意愿选择。

C. 支持孩子的兴趣，放弃自己的意愿。

4. 以下的兴趣培养策略您认为哪项最适宜？（　　）

A. 创设丰富多彩的生活环境，带孩子到大自然中、社区中活动，让孩子在自然中、生活中发现兴趣并培养兴趣。

B. 允许孩子对感兴趣的事物进行尝试，接纳孩子的失败，肯定孩子的点滴收获。

C. 及时发现孩子的关注点和兴趣点，并通过创设适宜环境、提供各种书籍材料、亲子共同探索等方式培育孩子的兴趣。

【评估参考】

1. 选择A的家长对孩子的兴趣支持存在功利性期望，希望借由孩子的兴趣让孩子获得家长认为更有利于未来学业的知识准备，这种任务式的做法容易扼杀孩子的阅读兴趣。

选择B的家长能够认同孩子的阅读兴趣，为孩子提供种类丰富的阅读书籍，从物质上支持孩子的阅读兴趣。但是一定要清晰把控好自主阅读与自由阅读的界限，让阅读真正促进发展。

选择C的家长尊重孩子的想法，从孩子的角度出发促进孩子的兴趣发展，并能营造愉悦的阅读环境，在尊重孩子的前提下与孩子互动，促使孩子的兴趣发展更有意义。

2. 选择A的家长对兴趣的理解出现偏差，认为培养兴趣等同于技能练习，只有获得技能的兴趣才有价值，忽视兴趣给孩子带来的精神层面的愉悦感和满足感。

选择B的家长对孩子的成长存在焦虑，非常担心自己的孩子因为没有和其他孩子同步而落后，报兴趣班也只是为了安慰自己、缓解自己的焦虑，无视孩子的兴趣。

选择 C 的家长能敏锐地观察到生活中孩子的关注点与兴趣点，但是在选择兴趣班时没有询问孩子的意见、倾听孩子的想法，自作主张满足孩子的兴趣需要。

选择 D 的家长对自己孩子的信心不足，无法接受孩子的个体差异，把发展兴趣与查缺补漏画等号，把孩子的发展寄托在兴趣班的学习上。

3. 选择 A 的家长虽然没有和孩子产生正面冲突，但是也没有选择积极地引导孩子发展兴趣，宁愿让孩子的兴趣流失也不愿放弃自己的意愿，这是一种不负责任的做法。

选择 B 的家长有较强的自我意识，认为只有成人的选择才是最适宜的，希望孩子按照自己预定的道路发展。

选择 C 的家长清楚地认识到兴趣发展的主观能动性，知道外力强加的兴趣无法促使孩子投入与持久，能以孩子为主体发展孩子的兴趣。

4. 选择 A 的家长充分意识到丰富的生活环境对孩子兴趣培养的重要性，了解 4～5 岁孩子的心理发展特点与年龄特点，正确对待孩子的兴趣，科学看待孩子的兴趣发展。

选择 B 的家长尊重孩子的选择，包容鼓励孩子，为孩子兴趣的丰富和持续发展提供助力，亲子陪伴的作用显著。

选择 C 的家长育儿责任心强，对孩子的观察细致，呵护孩子的好奇心，能利用科学有效的方法培养孩子的兴趣。

二、改进计划

接下来您打算如何对孩子进行兴趣培养呢？您不妨试着做份兴趣培养计划吧！

1. 认真反思，您为孩子创设的生活环境足够丰富吗？您还可以在哪些方面做得更好？

2. 用心观察，您的孩子对生活中的哪些事物感兴趣？

3. 基于孩子的兴趣点，接下来您打算如何支持孩子的兴趣发展？（支持计划越具体、越详细就越容易实现）